Stefan Heym

Auf Sand gebaut

Stefan Heym

Auf Sand gebaut

Sieben Geschichten aus der unmittelbaren Vergangenheit

Und vierzehn Zeichnungen von Horst Hussel

C. Bertelsmann

2. Auflage 1990

Zeichnungen, Umschlagentwurf und Layout
von © Horst Hussel
Satz: Uhl + Massopust, Aalen
Druck: Bartels & Wernitz, München
Bindung: Großbuchbinderei Monheim, Monheim
Printed in Germany
ISBN: 3-570-01458-4

für Inge

Darum, wer diese meine Rede hört und tut sie, den vergleiche ich einem klugen Mann, der sein Haus auf einen Felsen baute.

Da nun ein Platzregen fiel und ein Gewässer kam und wehten die Winde und stießen an das Haus, fiel es doch nicht; denn es war auf einen Felsen gegründet.

Und wer diese meine Rede hört und tut sie nicht, der ist einem törichten Manne gleich, der sein Haus auf den Sand baute.

Da nun ein Platzregen fiel und kam ein Gewässer und wehten die Winde und stießen an das Haus, da fiel es und tat einen großen Fall.

Matthäus 7,24–27

Der Zuverlässigsten einer

Wo sie nur alle wieder hin sind?

Vergangene Woche Freitag, jawohl, Freitag Nachmittag, da war auch schon mal diese plötzliche Stille. Sonst sind immer irgendwelche Geräusche, Schritte, oder es hustet einer draußen im Gang, aber wenn so überhaupt nichts ist, legt es sich wie ein Gewicht auf den Schädel und man kriegt so ein Flattern im Bauch, jedenfalls bin ich hinübergegangen zum Genossen Tolkening ins Zimmer, doch dort war auch keine Seele, nur auf dem Tisch lag ein Haufen Papiere, was sonst gar nicht die Art ist vom Genossen Tolkening, selbst wenn der auf fünf Minuten mal weggeht, schließt er alles ein, und beim Genossen Kallweit war auch keiner, so daß ich gedacht hab, was ist denn nur los, wenn es eine Sitzung wäre, der Genosse Kallweit hätte mich doch gerufen, aber in der letzten Zeit ist auch auf nichts mehr Verlaß und auf niemanden, zwar wird verlautbart, jawohl, Genossen, der Betrieb geht weiter, die Firma kriegt einen andern Namen, aber was sind Namen, die Hauptsache ist, wir bleiben auf Posten, und ich klopf an beim Genossen Stösselmaier, der früh als erster kommt und abends als letzter geht, aber sein Dienstzimmer ist auch leer, sie können doch nicht sämtlich beim Kaffeetrinken sein oder dienstlich unterwegs, und dann ist mir eingefallen, was der Genosse Kuhnt gesagt hat bei der Abteilungsbesprechung, der Genosse Alfred Kuhnt ist ja nicht irgendwer, der Genosse Kuhnt also hat mit dem Finger auf meine Person gewiesen, deutlich und unmißverständlich, und gesagt, der Genosse Bobrich ist der Zuverlässigsten einer, unser Arno, jawohl, und wenn es einmal hart auf hart kommen sollte, der Genosse Bobrich hält den Laden, und außerdem hat er auch so ein Wesen, das beruhigend wirkt auf die Menschen, dem wird also kaum einer was tun.

Ich hab das Martha erzählt, was der Genosse Kuhnt über mein Wesen gesagt hat, und Martha hat gesagt, das stimmt, der Genosse Kuhnt ist ein Menschenkenner, aber trotzdem macht man sich seine Gedanken, besonders wenn die Zeiten so unruhig sind wie jetzt und alles drunter- und drübergeht und sogar ein Mann wie der Chef, vor dem das ganze Volk gezittert hat, jawohl, richtiggehend gezittert, hat aufstehen müssen in aller Öffentlichkeit und sich rechtfertigen vor Leuten, die sonst gekrochen wären vor ihm, rechtfertigen für was, möchte ich wissen, der Mann hat seine Pflicht getan wie wir alle und sonst nichts, und dann haben sie ihn noch verhaftet. Und, hat der Genosse Kuhnt weiter zu uns gesagt, wenn es dahin kommen sollte, was er allerdings nicht erwarte, hat er gesagt, daß wir zeitweilig retirieren müßten, retirieren war sein Ausdruck, tatsächlich, dann können wir unsrem Genossen Bobrich vertrauen, daß er das Nötige tut, denn der Genosse Bobrich weiß ja, daß das, was bei uns in der Abteilung liegt, nicht in unberufene Hände gehört.

Das war vergangene Woche. Und jetzt ist wieder diese Stille. Trotzdem, so eilig hätten sie doch nicht zu retirieren brauchen, wenigstens einer hätte den Kopf noch zur Tür hineinstecken und sagen können, Arno, hätte er sagen können, es ist ja nur zeitweilig, aber nicht einmal das hat einer von ihnen gesagt, und dabei wird von mir erwartet, daß ich meine Pflicht tue und den Laden halte, denn was hier in der Abteilung steht, ist höchste Vertrauenssache, und wie ich Martha gesagt hab seinerzeit, daß sie mich hierher gestellt haben, mitten ins Nervenzentrum vom Ganzen, Nervenzentrum, das war mein Ausdruck, da hat sie gesagt, das laß lieber, warum mußt du dich ins Nervenzentrum stellen lassen, war denn das, was du bisher gemacht hast, nicht schwierig genug, Arno, ich hab nie gewußt, wie du das schon in eins bringst mit deiner unsterblichen Seele, aber das jetzt, mitten im Nervenzentrum vom Ganzen, es wird dir kein Glück bringen, Arno. Und wie ich dem Genossen Tolkening erzählt hab, was die Martha gesagt hat zu meiner neuen Stellung mitten im Nervenzentrum, was doch eine große Anerkennung darstellt seitens der Genossen, hat er gelacht und gesagt, mach dir nichts draus, Arno, was wissen die Frauen von Pflicht und von den Notwendigkeiten des Dienstes. Aber was der Junge gesagt hat, wie er dann nach Haus gekommen ist und Martha ihm erzählt hat von meiner neuen Stellung im Nervenzentrum des Ganzen, das hab ich dem Genossen Tolkening nicht gesagt, so etwas kann man einem Genossen gar nicht sagen, der würde denken, eine Schlange hat der Genosse Bobrich großgezogen an seinem Busen, eine richtiggehende Schlange, und wie zuverlässig kann der Genosse Bobrich wohl sein, mit solchem Schlangengezücht im eigenen Hause. Dabei würde ich nie daran denken, auch nur einen von den Ordnern dort im Nervenzentrum des Ganzen anzurühren, die da stehen mit ihren gelben und grünen und purpurfarbenen und orangenen Aufklebern, je nach Kategorie und in sich wieder alphabetisch gruppiert, auch wenn ich schon manchmal hinaufgeblickt hab zu dem zweiten Regal von oben, viertes Fach rechts, *Bat* bis *Bur,* aber da bin ich ja sowieso nicht drin, die Mitarbeiter werden separat geführt, bei den Mitarbeitern hat nur der Genosse Kuhnt Zutritt und keiner sonst.

Dabei ist der Junge ja kein schlechter Mensch und im eigentlichen Sinne auch nicht mißraten, aber er geniert sich, sagt er, wegen seinem Vater. Was hat ein Sohn, frage ich, sich zu genieren wegen einem Vater, der nur seine Pflicht tut, seine Klassenpflicht und seine Dienstpflicht und seine Vaterpflicht. Das sagt dann Martha auch, aber der Junge zuckt nur mit den Schultern, wenn sie ihm das sagt, und zu mir sagt er, wenn ich's bisher noch nicht gewußt hab, für wen ich mein dickes Gesäß wundgescheuert hab all die Jahre, dann müßt ich's jetzt doch wenigstens kapiert haben, wo der Chef hat aufstehen müssen in aller Öffentlichkeit und sich rechtfertigen, und dann lacht er auf diese Art, daß es mir quer durch die Brust schneidet und ich auf ihn losgehen möchte, aber Martha fällt mir jedesmal in den Arm und sagt, wir haben's doch schwer genug auch ohne solche Streitereien!

Wie lange waren sie weggewesen am vergangenen Freitag? Zwanzig Minuten vielleicht oder dreißig, mehr nicht, dann sind sie zurückgeschlichen gekommen und taten irgendwie verlegen, und nur der Genosse Kallweit hat etwas gesagt, falscher Alarm, hat er gesagt, sie sind vorbeigezogen draußen, sie haben Schiß gehabt, sie könnten eins auf den Deckel bekommen. Ich kann den Genossen Kallweit verstehen, der Genosse Kallweit war immer ein Draufgänger, und nun haben sie ihm seine Pistole weggenommen, er hat noch eine zuhause, sagt er, zur Reserve, aber hier hat er jetzt keine mehr, und er fühlt sich wie kastriert, sagt er, Kallweit ist überhaupt sehr menschlich und auch persönlich interessiert, immer hat er sich erkundigt nach Martha, und nach dem Jungen. Martha, hab ich dem Genossen Kallweit gesagt, macht mir Sorgen, Martha hat ihre Zweifel, warum gehen die Leute weg, fragt sie, es können doch nicht nur die paar Plünnen sein und die Bananen, es gibt doch noch andere Werte, und warum können wir den Leuten das nicht begreiflich machen, oder glaubt ihr wirklich, der Druck, den ihr macht, überzeugt irgend jemanden? Worauf der Genosse Kallweit den Kopf geschüttelt und mir seine Hand um die Schulter gelegt und geseufzt hat, hast's auch nicht leicht, Arno. Hab ich auch nicht, Tatsache.

Aber jetzt sind sie schon länger weg als zwanzig Minuten oder dreißig, viel länger. Sie werden mich doch nicht, so ganz allein hier, und ohne einen zur Hilfe, der eine Pistole hat, mir haben sie ja nie eine gegeben zum immer

Die Schwarzröcke.

bei mir Tragen, du zitterst immer so mit den Händen, Arno, hat der Genosse Stösselmaier gesagt, der verantwortlich ist für die Bewaffnung, da kann so ein Ding losgehen zur unrechten Zeit, beim Reinigen zum Beispiel am Küchentisch, und dann hast du deine Martha getroffen, ganz ohne es zu wollen, und wie stehst du dann da. Das hat mir Martha auch gesagt, habe ich dem Genossen Stösselmaier gesagt, Arno, hat sie gesagt, ich bin froh, daß du so was nicht mit dir rumtragen mußt, der Staat ist eines, aber ein Menschenleben ist ein anderes, und kein Staat auf Erden, auch unserer nicht, ist wert, daß man ein Leben dafür opfert. Und der Genosse Stösselmaier hat die Arme hinterm Kopf verschränkt und gegähnt, und dann hat er gesagt, was die Frauen nicht alles sagen, erstaunlich. Und jetzt ist auch der Genosse Stösselmaier nicht da, obwohl ich ganz gern ein Wort gehört hätte sogar von dem, die Stille legt sich wie ein Gewicht auf den Schädel, diese lautlose Stille, und sie macht, daß man so ein Flattern im Bauch kriegt und laut herausschreien möchte, Genossen! – aber die Genossen sind weg, und haben den Genossen Bobrich alleingelassen im Nervenzentrum des Ganzen, der Zuverlässigsten einen, wie der Genosse Kuhnt gesagt hat.

Aber wenn dann die Stille auf einmal aufhört und es kommt ein Krach und ein Gepolter, oder ein plötzliches Geschrei, das ist dann fast noch schlimmer als die Stille vorher. Ich geh hinüber zum Zimmer des Genossen Tolkening, und wieder liegt sein Tisch voller Papiere, obwohl er doch sonst alles wegschließt bevor er auch nur für fünf Minuten weggeht, und dann geh ich bei Kallweit vorbei und bei Stösselmaier, und auch bei denen ist alles ein Durcheinander, nur bei mir nicht, das macht, weil ich ein ruhiges Wesen habe und einen Vorgang erledige, bevor ich mir den nächsten vornehme, auch in Zeiten, wo alles sonst drunter- und drübergeht und sogar ein Mann wie der Chef, vor dem alle richtiggehend gezittert haben, sich hat rechtfertigen müssen, obwohl er nur seine Pflicht getan hat. Und der Lärm kommt näher, und es ist wie viele hundert Stiefel, die alle gleichzeitig scharren und trappeln auf Treppen und Fluren, und das Geschrei und Geruf, »Hierher!« und »Nein, hier!« und »Nach rechts!« und »Hier hinauf!« und »Da um die Ecke!«, und es ist, als wären da einer oder mehrere, die wissen, wo sie hinwollen und die die andern anführen, nämlich mitten ins Nervenzentrum des Ganzen, und dann, mit einem Knall, birst die Tür zu meinem Zimmer auf, wo ich an meinem Tisch sitze, der tadellos aufgeräumt ist, Lineal und Stifte und Eingangs- und Ausgangskorb, alles an seinem Ort, und ich erhebe mich und zieh mir die Jacke zurecht und sage, laut, aber nicht überlaut, und deutlich, »Raus, allesamt!« Und zu dem Jungen, »Los, scher dich zu deiner Mutter!«

»Reg dich nicht auf, Alterchen«, sagt doch da eine zu mir, so eine Fahle, Strohige mit blaßblauen Augen und dünnem Munde, »wir sind das Volk«, und geht hinüber zu den Regalen und fängt an, die Ordner herauszuzerren, die mit den gelben Aufklebern zuerst und dann die mit den purpurfarbenen, und von *A* bis *Atz,* und *Aub* bis *Bas,* und so weiter, und all das streut sie über den Fußboden und die Bänke und die Fensterbretter, und es fällt alles auseinander und löst sich auf, und es ist ein Geflatter da und Gefetz, und die Leute treten darauf herum mit ihren schmierigen Sohlen, und ich fang an zu brüllen, »Halt! Halt!« und lauf herum wie ein Verrückter und bück mich und versuch aufzuheben und einzusammeln was immer ich greifen kann, und der Junge steht da und lacht und lacht, bis ich nicht mehr an mich halten kann und die Ordner, die ich unterm Arm trag, und die Papiere, die ich aufgesammelt hab, wieder fallen lasse und ihn bei seinem Anorak pack und ihn schüttle, daß sein strähniges Haar

Fa.
Alberich
& Sohn

nur so hin- und herfliegt, und rufe, »Schlangengezücht! Schlangengezücht!« und dann weiß ich nicht mehr, was passiert ist mit mir, denn wie ich wieder zu mir gekommen bin, hab ich auf dem Fußboden gesessen in meinem Zimmer und die Tür stand sperrangelweit offen und um mich herum die zertretenen Ordner und die zerrissenen Papiere und die Farbflecken von den Aufklebern, gelb und grün und purpurfarben und orange, und draußen eine Stimme, »Keine Gewalt, bitte! Keine Gewalt!« und ich denke, die Stimme kennst du doch, und dann weiß ich, es ist die Stimme von dem Jungen, und ich spüre, wie es mich in der Kehle würgt, und im Innern von meinem Schädel hör ich die Worte des Genossen Kuhnt, *Der Zuverlässigsten einer,* aber wo waren sie alle, wie es hart auf hart gekommen ist und der Junge vor mir gestanden ist und gelacht hat und gelacht.

Und dann seh ich den Ordner mit der Bezeichnung *Bat* bis *Bur* auf orangenem Aufkleber, und der Ordner liegt da mit der offenen Seite nach unten und jemand ist darübergelaufen, und der Ordner tut mir irgendwie leid, weil ja zwischen *Bat* und *Bur Bob* ist, *Bob* wie Bobrich, und obwohl meine Akte nicht in dem Ordner sein kann, denn die Mitarbeiter liegen anderswo, wo nur der Genosse Kuhnt Zutritt hat und nicht ich, greif ich mir den Ordner und öffne *Bob* wie Bobrich, und natürlich ist da kein Bobrich, Arno, aber Bobrich, Martha, und da kriege ich's doch mit dem Schlucken in der Kehle, selbst nach so einem Tage, wo man glauben möchte, daß man alles schon erlebt hat und über nichts mehr sich aufregen kann: die Martha auch, die Martha haben sie observiert, die eigene Frau von ihrem eigenen Mitarbeiter, und mir kein Wort gesagt davon, aber sie durften ja auch nicht, Konspiration ist Konspiration, aber wen, möchte ich doch wissen, haben sie angesetzt auf Martha, und wer hat sie observiert und über sie berichtet, und wieso hab ich nichts bemerkt davon, der Zuverlässigsten einer, wie der Genosse Kuhnt immer sagt?

Und da steht es auch aufgeschrieben, alles schön der Reihe nach, Römisch I, *wie du das in eins bringen kannst mit deiner unsterblichen Seele,* steht da, und *es wird dir kein Glück bringen, Arno,* und daneben, unter Besondere Vermerke, *Tolkening,* also von Tolkening ist das gekommen. Und dann steht da, Römisch II, *Subjekt hat Ehemann gegenüber erklärt, sie hätte ihre Zweifel und wollte wissen, wieso die Leute weggingen, es könnten doch nicht nur die paar Plünnen sein und die Bananen, und es müßte da doch noch andere Werte geben, und warum können wir es den Leuten nicht begreiflich machen,* und unter Besondere Vermerke, *Kallweit.* Und unter Römisch III, *Subjekt äußerte sich, sie wäre froh, daß ihr Mann nicht so was (Dienstwaffe) mit sich herumtragen muß, und der Staat wäre eines aber ein Menschenleben ein anderes, und kein Staat auf Erden wäre wert, daß man ein Leben dafür opferte, auch unserer nicht.* Besondere Vermerke, *Stösselmaier.* Und zum Abschluß, gezeichnet, *Kuhnt, Alfred: Trotzdem ist meines Erachtens der Genosse Bobrich, Arno, des Glaubens, daß wir des Glaubens sind, er wäre der Zuverlässigsten einer.*

Und ich sitze da auf dem Fußboden, um mich herum das ganze Papier mit den gelben und grünen und purpurfarbenen und orangenen Aufklebern, und in der Hand den leeren Aktendeckel, und ich seh, daß das Papier voller Flecke ist, Schweißflecke, so sehr hab ich an den Händen geschwitzt, und ich weiß auf einmal, es sind gar nicht die Genossen Tolkening und Kallweit und Stösselmaier, die im Fall *Bobrich, Martha* observiert und berichtet haben, sondern ich, der Genosse Bobrich, Arno, der Zuverlässigsten einer, und dann hör ich jemanden lachen auf diese Art, die mir quer durch die Brust schneidet, und ich merke, der Lacher bin ich ebenfalls selber, denn der

Junge, der vor mir steht, lacht nicht, sondern er beugt sich hinab zu mir und legt mir seine Hand auf die Schulter, ganz leicht und so, als wollte er mich schonen, und sagt, »Komm, Vater, wir können jetzt gehen.«

Außenstelle

Der Bunker ist, obwohl sorgfältig eingezäunt mit Maschendraht, kein auffälliges Bauwerk; allerlei Gesträuch umgibt ihn, und welke Äste, totes Laub und Haufen von braunen Kiefernnadeln liegen dicht an dicht in seiner Nähe und bedecken ihn zu etwa zwei Dritteln; die Leute, die in der Gegend wohnen, wissen nichts darüber zu sagen, wann er gebaut wurde und ob er nicht etwa noch aus den Tagen des Krieges stamme, wogegen der erwähnte Zaun mit der schmalen Tür darin spräche, und ob noch überhaupt einer kommt, der den Schlüssel zu dem verrosteten Hängeschloß bei sich hat und vielleicht sogar den schweren, zementverkleideten Deckel der Einsteigeöffnung dicht über der Erde gelegentlich anhebt, um drinnen nach dem Rechten zu sehen. Spuren eines solchen Pförtners oder Wachmanns sind aber nirgends zu finden; das Erdreich im unmittelbaren Umkreis des Bunkers mit allem, was darauf liegt an halb Verfaultem, scheint unberührt.

Man gehe vom Bahnhof aus etwa südsüdwest quer durch den Wald, einen wenig gepflegten Mischwald, der dieser Landschaft eigentümlich, in Richtung Charlottenhof und Seeufer; plötzlich wird zwischen zwei auseinanderstrebenden weiß leuchtenden Birkenstämmen der Bunker auftauchen, nur um sofort wieder zwischen den verschiedenen Schattierungen von Grün zu verschwinden: wer beachtet so etwas. Mir fiel der graue Klotz erst auf, als ich neulich daherkam und, auf dem Weg zu diesem Bunker, so schien es mir, einen Mann mittleren Wuchses sah, gekleidet in einen lodenartigen Stoff, über der verschwitzten roten Stirn eine Art Förstermütze: dieser zog einen zweirädrigen, gummibereiften Karren hinter sich her, an dessen stählerner Deichsel sich eine Kupplung befand, wie sie etwa zu einem Trabant passen mochte. Er bemerkte mich, blieb stehen, zündete sich eine Pfeife an und wartete, bis ich ihn passiert haben würde. Aber auch ich hielt an, grüßte ihn, »Wohin bei dem schönen Wetter?«, zugleich einen Blick in den offenen Ladeteil des Karrens werfend; der war leer; irgend etwas sollte also abgeholt werden, aus dem Bunker wahrscheinlich.

Da der mutmaßliche Förster mit der Antwort zögerte, sagte ich zu ihm, der Teufel muß mich geritten haben, »Es gibt eine Menge Leute, die sich für das Ding da interessieren.«

»Wieso das?« sagt er mit allen Anzeichen von Bestürzung.

Jetzt konnte ich nun nicht mehr zurück, ohne mich zu blamieren. »Erst vorgestern waren welche da«, lüge ich. »Zwei Männer und eine Frau. Vom Bürgerkomitee, würde ich meinen. Die schnüffeln ja überall herum neuerdings. Das kommt mit der Demokratie.«

Er blickt mich an, zweifelnd zunächst, doch bald auch erleichtert; er wittert wohl einen Sympathisanten in mir. »Ja, ja«, sagt er, »die Verhältnisse haben sich geändert. Aber es gibt noch Menschen, die wissen, was not tut.«

»Da«, sage ich, »denken wir ähnlich.«

Doch sein Vertrauen geht nicht so weit, daß er mir auch nur andeutungsweise mitteilt, was er hier will; er saugt an seiner Pfeife und rückt nicht von der Stelle mit seinem Karren, denn rührte er sich, so würde sein Vorhaben sich ja offenbaren; nur sein sauber getrimmtes Schnurrbärtchen verzieht sich ein wenig, als wollte er mir sagen, Zeit habe er gleich viel wie ich, und nach einer kleinen Weile wird mir das Spiel zu dumm, ich hebe grüßend zwei Finger und entferne mich.

*

Ein paar Tage später kam ich, purer Zufall, noch einmal desselben Weges, und da war er wieder; aber diesmal steht der Karren vor der Tür in dem Drahtzaun, und diese ist geöffnet, und mein Mann, der anscheinend soeben den Zementblock vor der Einsteigeöffnung beiseite geschoben hat und sich die Stirn wischt, zuckt zusammen, als er mich sieht.

»Da sind Sie ja wieder!« rufe ich erfreut. Ich freute mich wirklich: Meine erste Begegnung mit ihm hatte mich doch betroffen gemacht; nun ließ sich die Sache klären. Und ich frage ihn, betont freundlich: »Was machen Sie eigentlich hier?«

Nun hätte er mich anraunzen können, was mich das anginge. Aber so sicher war er seiner denn doch nicht. »Ich muß da etwas prüfen«, sagt er.

»Was befindet sich denn dort unten?« erkundige ich mich.

Er besinnt sich: wer ist er, und wer bin ich. »Ich bin hier dienstlich«, sagt er endlich, »und ich habe Ihnen schon zuviel gesagt.«

»Welche Dienststelle?« bohre ich weiter.

Er bleibt stumm. Sein Gesicht trägt jetzt einen gehetzten Ausdruck, besonders das Auge zeigt Unruhe. Dann entscheidet er offenbar, daß Geheimnistuerei seinerseits, oder gar Schweigen, meinen Verdacht nur vergrößern würden, und sagt mürrisch, »Post.«

»Post?«, sage ich, »und seit wann sitzt die Post in Bunkern? Im übrigen sehen Sie gar nicht aus wie einer von der Post.« Und da er immer noch stumm bleibt, mit einem verbockten Zug unter dem Schnurrbärtchen, »Sie haben doch einen Dienstausweis, oder?«

Seine Hand hebt sich, Gewohnheitsbewegung, zur Brusttasche. Aber dann zieht er sie hastig zurück.

»Von welcher Behörde ist der Ausweis nun wirklich?« frage ich. »Von der kürzlich aufgelösten?«

Warum sagt er mir nicht, scheren Sie sich zum Teufel? Folglich hat er Angst: die Behörde, für die er gearbeitet hat, besitzt die Macht nicht mehr, die sie einst hatte; er muß lavieren.

»Ich bin nämlich«, sage ich, und das ist jetzt die Wahrheit, »im örtlichen Bürgerkomitee, und wir interessieren uns.«

»Für was?«

»Für alles«, sage ich.

Dabei ist mir nicht ganz wohl. Wieviel Autorität hat so ein Bürgerkomitee; wer hat die Mitglieder, sämtlich politische Dilettanten, gewählt und ernannt. Und natürlich sitzt in mir noch der alte Instinkt: nur *denen* nicht auffallen, sie können dir die größten Schwierigkeiten machen im Betrieb, und nicht nur im Betrieb, und du willst doch, daß dein Junge studiert. Aber Anfang November des Vorjahrs, auf dem Alexanderplatz zu Berlin, ist, wie der alte Hegel es ausdrückte und wie es uns beigebracht wurde in den alljährlichen Lehrgängen, Quantität umgesprungen in eine neue Qualität, deutlich erkennbar, und der Forstmensch weiß es ebensogut wie ich. Und so blicke ich ihm bedeutungsvoll ins Auge und wiederhole, »Wir interessieren uns für alles.«

Er zuckt die Achseln. Er sieht angeschlagen aus auf einmal.

»Also was ist nun da unten?« frage ich zum zweiten Mal.

»Eine Anlage.«

»Elektronisch?«

»Teils.«

»Kabel?«

»Auch.«

»Die wohin führen?«

»Mehrerenorts.«

»Zum Beispiel?«

»Das darf ich wirklich nicht sagen«, weigert er sich, zieht aber sofort den Kopf ein, da ich Atem hole, als wollte ich ihn anbrüllen. »Und außerdem«, fügt er hinzu, »ist das alles längst stillgelegt.«

»Und warum sind Sie dann hier?«

Er sucht nach einer plausiblen Antwort. Schließlich zeige ich Zeichen von Ungeduld. »Soll ich«, so frage ich, »mit Ihnen hinunterkriechen?« und bete zu Gott, daß ich's nicht tun muß, ich habe meinen neuen hellen Mantel an und noch dazu fürchte ich mich: ein rascher Messerstich, unter der Erde, und bis mich dann einer findet . . .

»Es führen da Kabel zum Zentrum.«

»Und weiter wohin?«

»Nach Plockau.«

In Plockau, das weiß hier jedermann, haben sie eine große Zweigstelle. »Und?«

»Zu unsrer Außenstelle.«

»An der Uferstraße? Der weißen Villa?«

Das Kinn klappt ihm herunter.

»Von dort aus«, sage ich lächelnd, »bin ich überwacht worden. Ein blauer Lada und ein weißer Wartburg.«

»Dann sind wir ja Freunde«, sagt er.

*

Die weiße Villa, ein Jugendstilbau mit schön geschwungenen Erkern und Fensterbögen, gehörte bis etwa 1936 einem Herrn Leopold, der im Textilgeschäft tätig war und, wie die älteren Anwohner zu berichten wissen, nach Australien emigrierte. Dann zog ein höherer Parteigenosse dort ein, man munkelte etwas von Geheimdienst; er hatte eine etwas üppige Frau, die in großer Eile zusammen mit ihm entschwand, als die Russen sich der Stadt näherten; sie soll, so erzählen wiederum die älteren Anwohner, ihnen jedoch auf dem Treck nach Westen in die Hände gefallen sein. Die Villa wurde von den Sowjets beschlagnahmt, und mehrere Offiziersfamilien hausten sukzessive darin, bis im Verlauf der Umgruppierungen diese Einheit der Roten Armee anderswohin verlegt wurde und eine Unterabteilung einer Behörde der neugegründeten Deutschen Demokratischen Republik in den immer noch stattlichen, wenn auch ziemlich verschandelten Räumen Obdach fand. Wer oder was diese Behörde war, blieb der örtlichen Bevölkerung nicht verborgen; nicht gerade daß die Leute einen Schritt zulegten, wenn sie an dem prächtigen, leider lange schon angerosteten schmiedeeisernen Gartenzaun vorbeigingen; wer aber genauer hinsah, bemerkte doch, wie die Köpfe sich duckten.

Nach den vom Volke mit einem Schuß Ironie als Wende bezeichneten Ereignissen des Oktober und November erwartete man eigentlich, daß die weiße Villa zur allgemeinen Benutzung freigegeben werden würde; man sprach von der Einrichtung eines Caféhauses mit Sommergarten, da das Grundstück ans Seeufer grenzte, von anderen zivilen Plänen und Projekten; aber die Stadtbezirksoberen, die wie eh und je selbständige Entscheidungen scheuten, stellten sich taub. Da aber nun von Anwohnern festgestellt wurde, daß neuerdings des Nachts sich hinter den Gardinen ein geheimnisvolles Leben entwikkelte und in den frühen Morgenstunden dunkle Gestalten ganze Kleinlastwagen, die vorm Hause vorfuhren, mit vernagelten Kisten und mit Geräten verschiedenster Art beluden, wurde Verdacht geschöpft; der revolutionäre Eifer wogte auf und, am Ende einer Sitzung des Bürgerkomitees, als alle bereits müde waren des Debattierens und zum Schluß kommen wollten, schlug eine schon ältere Bürgerin, Frau Schulz-Lattich, den Mitgliedern vor, einen Ausschuß zu bilden, bestehend aus drei oder vier beherzten Personen, die Eintritt in die weiße Villa verlangen sollten, wenn nötig unter Androhung von Gewalt, und erkunden, was hinter ihren Mauern eigentlich vorgehe; danach werde das Komitee beschließen, was zu tun sei, um das Besitztum öffentlich einzuklagen.

Mich rechnete man zu den beherzten Personen; und so kam es, daß ich, zusammen mit Frau Schulz-Lattich und einem Herrn Dr. Czesnik, den ich flüchtig kannte, wir drei verstärkt durch einen Hauptwachtmeister von der nahen Polizeiwache, an diesem Spätnachmittag vor dem schmiedeeisernen Tor der Villa standen und lautstark Einlaß begehrten.

*

»Sind Sie verrückt, so einen Lärm zu machen?«

Der Kerl steht da in ausgelatschten Pantoffeln, die Hängebäckchen aufgeplustert und den Bauch unter der offenen Hausjoppe vorgeschoben wie den Bug eines Schubdampfers drüben auf dem See; der Wind streicht ihm über den weißen Flaum auf der Glatze.

Der Dr. Czesnik macht Anstalten, das Gittertor aufzustoßen, aber die Kette, mit dickem Schloß daran, hindert ihn.

»Aufschließen«, kommandiere ich.

Die Hängebäckchen zittern. »Ist verboten. Zutritt zur Villa nur gegen Berechtigungsschein.«

»Berechtigungsschein von wem?«

Er hüstelt, wischt sich, mit dem Zeigefinger, die Tröpfchen von der Oberlippe. Dann, plötzliche Erleuchtung, »Von der Volksbildung.«

»Die weiße Villa«, frage ich, »gehört der Volksbildung? Seit wann?«

»Seit kurzem.«

Ich winke dem Hauptwachtmeister, der sich nur zögernd in Bewegung setzt: weiß man, ob das Haus nicht doch dem Ministerium für Volksbildung zugesprochen wurde? »Machen Sie«, sagt der Hauptwachtmeister dann doch, »keine Sperenzchen.«

Das genügt. Die Kette klirrt, die Eisenstäbe schurren über das Pflaster. Die Gardine hinter dem Fensterchen neben der Haustür bewegt sich; von dort beobachtet einer die Vorgänge. Frau Schulz-Lattich, den Rücken entschlossen gestrafft, schreitet vor uns her, aber die Tür öffnet sich lautlos, wie auf Knopfdruck, und nach einer gemeinsamen Schrecksekunde betreten wir, wiederum mit Frau Schulz-Lattich vornan, das Haus, das den örtlichen Bürgern so lange vorenthaltene.

Dann ist es wie im Märchen, nur daß die Zwerge, die da beim Werkeln sind, nicht solch hübsch bunte Wämser tragen und auf dem Kopf keine Zipfelmützen; aber sonst blitzt und funkelt es von den Instrumenten her wie von kostbaren Steinen, und piept und fiept und klinkt und klappert, und keiner kümmert sich um uns, so vertieft sind sie samt und sonders in was auch immer sie da treiben; und wir, Frau Schulz-Lattich und der Dr. Czesnik und ich, bewegen uns auf leisen Sohlen von einem zum andern der Zwerge, gelegentlich den Hals reckend, um ihnen über die Schultern zu blicken; nur der Hauptwachtmeister ist am vorderen Ende des Raumes stehengeblieben, die Hände auf dem Rücken gekreuzt, und wippt auf den Fußballen, wie eben Polizisten wippen, wenn sie darauf warten, daß die Aktion beginne.

»Ach!«

Überraschend, der erste menschliche Laut. Und die Stimme kommt mir bekannt wor. Ich wende mich um – das sorgsam getrimmte Schnurrbärtchen: der Forstmensch, jetzt aber nicht mehr in Loden, sondern mit einem weißen Kittel über dem Anzug, wie ein Tierarzt oder ein Laborleiter. Er sieht, warum, bleibt mir unklar, auf seine Uhr, möglicherweise hat er uns längst schon erwartet und ist ein wenig ungehalten.

Dann zieht er uns beiseite, als wolle er vermeiden, daß seine Zwerge unser Gespräch mit anhören, und beginnt, in unterdrückten Tönen, »Früher«, sagt er, »wären Sie nie bis hierher gelangt. Doch in Zeiten wie diesen ...« Müde hebt er die Schultern; es sind ermüdende Zeiten, in denen keiner mehr weiß, was morgen auf ihn noch zukommen mag. Darauf nimmt er meine und Frau Schulz-Lattichs und des Herrn Dr. Czesnik Frage voraus, was denn hier vor sich gehe. »Dies«, sagt er, »ist eine der modernsten Abhöranlagen der Welt. Unser Stolz.«

Frau Schulz-Lattich hat es den Atem verschlagen. Der Dr. Czesnik jedoch nickt fachmännisch und läßt den Blick über die Schalttafeln schweifen. »Dafür«, sagt er, »war Geld da.«

»Aber um Gottes willen«, sage ich zu dem Forstmenschen, »wen hören Sie denn jetzt noch ab?«

Eine Handbewegung. Ob Hunderte von Menschen oder Tausende, und Dutzende von Ämtern und Institutionen, was tut es.

»Und wohin«, frage ich, »gehen die Informationen? Die Gespräche, die Auswertungen, die Millionen Worte?«

Er senkt die Stimme noch weiter: das ganz große Geheimnis. »Nirgendshin.«

»Nirgends?«

»Die Empfänger sind fort, die Kabel durchtrennt.«

»Aber der Rücklauf?« frage ich. »Sie brauchen doch, um hier zu arbeiten, Rücklauf: Bestätigungen, Änderungen, Anweisungen?«

»Schreibe alles ich.« Er schaut mich an, Heiterkeit im Blick, ein Mann im reinen mit sich selber.

»Und Ihre Leute? Hat denn keiner von denen etwas gemerkt bisher?« sage ich.

»Möglich«, sagt er. »Was weiß ich.« Und runzelt die Stirn. »Trotzdem, sie kommen immer wieder. Pünktlich zu jeder Schicht. Drei Schichten am Tag. Tag für Tag.«

Frau Schulz-Lattich hat sich gefaßt. Etwas bewegt sie jedoch, sichtlich. »Aber warum?« fragt sie, in ihrer Stimme, tief von innenher, ein großes Staunen. »Warum das Ganze?«

Der Forstmensch überlegt, streicht sich die Falten aus dem Kittel, überlegt noch einmal. Dann sagt er, »Aber, gute Frau, das Leben muß doch einen Sinn haben!«

Auf Sand gebaut

»Und all das wird sich ändern bei uns«, sagt meine Elisabeth und hat dabei diesen Glanz im Auge: ihr Intershop-Blick, wie ich ihn nenne, der sich stets zeigt bei ihr, sobald sie den Shop betritt und die Auswahl an bunten Westwaren sieht, nur für harte Währung zu erwerben; aber jetzt braucht ja keiner den Shop mehr, jetzt geht man einfach nach drüben; nur mit der Währung ist es immer noch problematisch. »Sehr ändern«, sagt sie, »und bei Immobilien besonders, die werden ungeheuer steigen im Wert.« Ich staune: Immobilien. Woher sie das Wort überhaupt kennt!

»Richtig froh sein können wir«, fährt sie fort, »daß wir das Haus gekauft haben von der Kommunalen Wohnungsverwaltung, als keiner noch an dergleichen dachte, und für 35 000 Ost, ein Klacks, nicht lange und das Haus wird eine halbe Million wert sein, wenn nicht eine ganze, und in harter D-Mark, während die lieben Nachbarn immer nur ihre Miete gezahlt haben an die KWV und daher jederzeit rausfliegen können, sobald die deutsche Vereinigung da ist mit den neuen Gesetzen; aber Besitz ist Besitz, den kann keiner antasten, jetzt nicht und später ebensowenig. Und wer hat dir eingetrichtert, daß du kaufen sollst, und immer wieder gebohrt, bis du endlich den Anwalt genommen und den Kauf rechtsgültig gemacht hast?«

»Elisabeth«, sage ich, »du bist die Klügste.«

Das liebt sie zu hören, meine Elisabeth, und das Gespräch hätte gut und gern so weiterlaufen können, alles Freude und Harmonie, wenn der Kies nicht geknirscht hätte vorm Hause: ein Auto, und offenbar ein ziemlich schweres. »Besuch?« sage ich. »Mitten in der Woche?«

Sie tritt ans Fenster. »Das ist doch der –«

»Wer?«

»Der schon mal hier war«, sagt sie, »zweimal sogar.«

»Und wieso«, frage ich, »erfahre ich das erst heute?«

»Ich wollte dich nicht beunruhigen«, sagt sie. Und fügt hinzu, »Er parkte schräg gegenüber, stieg aus, und strich mehrmals ums Haus. Mehrmals blieb er auch stehen und schaute sich um, als hätte er irgend etwas verloren, und ich wollte schon hinausgehen und ihn fragen, ob er vielleicht von der Stasi wäre, doch die war ja aufgelöst, und bevor ich mich entschließen konnte, war er fort.«

»Du bist sicher, daß er es ist«, sage ich, »denn ich sehe ihrer zwei.«

Sie schluckt. »Er hat sich vermehrt.«

»Und welcher war deiner?« erkundige ich mich, »der mit dem schmalkrempigen Hütchen, der kleine Rundliche, oder der Hagere mit der Leichenbittermiene?«

»Der Kleine«, sagt sie.

»Der Kleine«, sage ich, »so.« Doch bevor ich weiterfragen kann, warum sie geglaubt hat, daß einer wie der mich hätte beunruhigen können, läutet es bereits.

*

Wir benutzen als Glocke seit neuestem einen chinesischen Gong, sein tiefes Ding-dong-dang jedesmal eine Freude; nur in dieser Minute geht mir das fremdländische Geläut auf den Nerv. Auch meine Elisabeth steht da wie festgewurzelt und kaut auf der Unterlippe.

»Geh öffnen«, sage ich. »Die Herren möchten etwas von uns, und ich für mein Teil möchte wissen, was sie möchten.« Wir gehen beide zur Tür, Hand in Hand, gemeinsam ist besser. Der Kleine nimmt sein Hütchen vom Kopf und vollführt eine Art Kratzfuß; der Hagere läßt seine prächtigen Zähne blinken, »Herr und Frau Bodelschwingh, wenn ich nicht irre?«

Ich heiße in der Tat Bodelschwingh, Bodelschwingh wie der berühmte Pastor, obwohl keinerlei verwandtschaftliche Bindung besteht zwischen ihm und meiner Familie, und meine Elisabeth erwarb den Namen durch Eheschluß.

»Dürften wir?« sagt der Hagere.

Das Auge meiner Elisabeth glänzt wieder, aber es ist ein anderer Glanz als vorher, düster und bedrohlich, ihr Trotz-alledem-Blick, wie ich ihn nenne.

Der Kleine streicht sich die Schuhsohlen ab auf der Türmatte, sorgfältig und lange: als ob ihm das Haus gehörte, fährt es mir, ich weiß nicht wieso, durch den Kopf. Und während er sein leichtes, staubfarbenes Mäntelchen ablegt, stellt er sich vor, »Prottwedel, Elmar, wenn Sie gestatten.« – »Angenehm«, sage ich.

»Schwiebus«, sagt der andere, und reicht mir ein Kärtchen, »Dr. jur. Schwiebus von Schwiebus, Schwiebus und Krings, Beratung in Liegenschaften.«

»Wir«, sagt meine Elisabeth, »bedürfen keiner Beratung.«

Inzwischen hat sich Herr Prottwedel mit einer Zielstrebigkeit, die man nur als nachtwandlerisch bezeichnen kann, durch die offene Schiebetür in unser Wohnzimmer begeben und steuert auf den Biedermeier-Ohrensessel zu, den wir vor kurzem erst unter großen Mühen, man finde bei uns mal einen Polstermeister und einen so stilechten, gold- und blümchengestreiften Stoff, haben restaurieren lassen, sinkt mit einem Ächzer auf den für einen Hintern wie seinen wie geschaffenen Sitz und sagt, »Dieses war meines Opas Lieblingssessel. Nur war er grün bezogen damals, der Sessel, grün mit lila Röschen. Mein Opa ist darin gestorben: Herzversagen.«

Meine Elisabeth erbleicht. Nicht wegen der Sterbeszene, so empfindsam ist sie nicht, sondern wegen der Möglichkeit, daß der Sessel tatsächlich von Herrn Prottwedels Opa stammen könnte; wir haben ihn nämlich nicht selber angeschafft, auf uns ist er gekommen von unserm Vorgänger, dem Genossen Watzlik. Als wir das Haus von ihm übernahmen, es stand mir zu als Abteilungsleiter, sagte Watzlik, den Sessel überlaß ich dir, Genosse Bodelschwingh, wir werden uns modern einrichten in der Hauptstadt.

»Vielleicht«, Herr Dr. Schwiebus hat einen sehr gepflegten Akzent, Lübecker Gegend wohl, »vielleicht«, sagt er zu Herrn Prottwedel, »sollten wir den Zweck unsres Besuches erklären.«

»Es wäre«, sagt meine Elisabeth, »an der Zeit.«

Herr Prottwedel verzieht sein Mündchen zu einer Art Knopfloch. »Sie werden, Frau Bodelschwingh, meine vormaligen Anwesenheiten vor Ihrem Grundstück bemerkt haben.«

»Zweimal«, nickt meine Elisabeth, »zweimal.«

»Ich habe Sie nicht erschreckt, hoffentlich«, sagt Herr Prottwedel. »Es geht mir nur um Erinnerungen. Eine glückliche Jugendzeit, die ich hier verbrachte, mit einem der liebenswürdigsten Väter, welcher notabene dieses Haus zusammen mit dem Grund, auf dem es steht, seinerzeit erwarb.«

»Herr Prottwedel«, sagt Dr. Schwiebus, »lebt Gott sei Dank in guten Umständen. Er ist Eigentümer einer bei uns im Westen nicht unbekannten Brauerei sowie weiterer Interessen, die ihm genügend abwerfen. Er befindet sich also in keinerlei Notlage, die es als geraten erscheinen lassen könnte, sich um die Wiederinbesitznahme ihm eigentlich zustehender Liegenschaften zu bemühen.«

»Wiederinbesitznahme!« Die leichte Röte, die meiner Elisabeth ins Gesicht steigt: ich kenne das, ein Warnsignal. »Wiederinbesitznahme«, sagt sie, »wie verstehe ich das?«

»Auch freut es mich«, sagt Herr Prottwedel, »feststellen zu können, daß Sie, Herr und Frau Bodelschwingh, den Besitz in gutem Zustand gehalten haben.«

»Wie denn auch anders«, nickt Dr. Schwiebus. »Nutzen die Bodelschwinghs, uns als zuverlässige, saubere Menschen beschrieben, den Besitz doch selber.«

Der rosafarbige Hauch auf dem Gesicht meiner Elisabeth ist deutlichem Rot gewichen. »Wir nutzen das Haus nicht nur«, sagt sie, »es gehört uns. Damit Sie's wissen, Herr Prottwedel, und auch Sie, Herr Dr. Schwiebus: Wir haben es gekauft und bezahlt dafür, samt dem Sessel. Da ist ein Kaufvertrag, ein gültiger, und alles ist im Grundbuch eingetragen und rechtens, Sie können sich selber überzeugen.«

»Herr Dr. Schwiebus hat sich bereits überzeugt«, sagt Herr Prottwedel, »im Grundbuch. Aber trotzdem wird man das Haus doch besuchen dürfen und sich darin umschauen?«

»Wir verstehen, Herr Prottwedel«, sagt meine Elisabeth, »Ihr Bedürfnis, Ihren Erinnerungen nachzugehen.« Und setzt, eine Art Nachgedanke, hinzu, »besonders wo es Sie nichts mehr kostet, nicht einmal, wie vor kurzem noch, die fünfundzwanzig Mark für den Grenzübertritt.«

»Jetzt«, sagt Herr Prottwedel, »würde ich mir doch gern das Obergeschoß besehen.«

*

Die Schritte, bald von da kommend, bald von dort, und widerhallend in meinem Gehirn: zum Verrücktwerden.

»Warum«, sage ich, »schmeiße ich die Kerle nicht hinaus?«

»Es ist nicht ihr Haus«, sagt meine Elisabeth, »daß sie darin herumstreunen können nach Belieben.«

»Sie benehmen sich«, sage ich, »wie Eroberer.«

»Und das Bad«, sagt meine Elisabeth, »ist nicht aufgeräumt.« Der Ausbruch, so lange schon angekündigt durch ihre Rotverfärbung, ist da. »Und daß wir«, ruft sie aus, »uns das selber auf den Hals gewünscht haben!«

dem Erfinder der Banane.

»Zügle dich«, mahne ich, »sie sind nicht taub.«

Aber sie ist nicht zu halten. »Es ist unser Haus! In unserm Haus schrei ich herum, soviel ich will!«

Dann Stille. Dann die Stimme des Herrn Prottwedel. »Da wären wir wieder!«

»Und wie war der Rundgang?« fragt meine Elisabeth.

Herr Prottwedel schiebt sich hinter den Ohrensessel, als suche er Schutz dort vor ihrem Blick. »Die Anlage der Zimmer«, sagt er, »ganz wie in meiner Erinnerung.«

»Erinnerung«, sagt Dr. Schwiebus, »ist das halbe Leben.« – »Und die Einrichtung«, sagt Herr Prottwedel, »so gediegen!«

Nach einer nachdenklichen Pause sagt Dr. Schwiebus, er verstünde nur unsre ablehnende Haltung nicht, um nicht zu sagen unser Ressentiment: neben der Auffrischung seiner Erinnerungen habe Herr Prottwedel doch einzig die Absicht, die Eigentumsfragen bei Haus und Grundstück – hier zieht er hinter dem Tüchlein in der äußeren Brusttasche seines Jacketts einen Zettel hervor – Marschall-Konjew-frühere Hindenburgstraße 27 baldigst zu klären.

»Was gibt's da zu klären!« Meine Elisabeth stampft mit dem Fuß auf. »Haus und Grundstück sind unser Besitz, und Besitz steht unter staatlichem Schutz, immer und überall, Ost wie West.«

Darum, sagt Dr. Schwiebus, gerade darum; oder läge es nicht auch in unserm Interesse, eventuelle Auseinandersetzungen zu vermeiden, die sich ergeben könnten, nachdem die beiden deutschen Staaten sich glücklich wiedervereint hätten, mit entsprechenden rechtlichen Folgen? Und entnimmt seiner Aktenmappe, schwarzes Maroquin, eine Anzahl von Bogen, die er vor mir auf den Tisch breitet. Aus diesen Schriftstücken, doziert er dabei, gehe hervor, daß Herr Dietmar Prottwedel, der verstorbene Vater seines Freundes und Mandanten Elmar Prottwedel, Haus und Grundstück ehemalige Hindenburgstraße 27 im Jahre 1936 von einem Herrn Siegfried Rothmund, welcher Deutschland kurz darauf mit unbekanntem Ziel verließ, rechtmäßig erworben habe, und zwar, schicksalhafter Zufall, zu dem gleichen geringen Preis von 35 000 Mark, zu dem wir, das Ehepaar Bodelschwingh, den Besitz von unsrer Kommunalen Wohnungsverwaltung erhielten: und hier sei der Kaufvertrag.

»Nicht«, sagt Herr Prottwedel, »nicht daß wir auch nur im Traum daran dächten, Sie vor die Tür setzen zu wollen.«

Die Lippen meiner Elisabeth zittern. »Vor die Tür unsres eigenen Hauses!«

»Oder«, lächelt Herr Prottwedel, »Anforderungen anderer Art an Sie erhöben zur Zeit.«

»Sollen wir etwa«, sage ich, »für das, was wir längst schon bezahlt haben, noch einmal zahlen?«

»Von Geld«, schaltet Dr. Schwiebus sich ein, »war in keiner Weise die Rede.« Und doziert wieder, wie es Herrn Prottwedel und ihm viel mehr um Titel und Recht gehe, wobei unsere, der Familie Bodelschwingh, Ansprüche auf Haus und Grundstück jetzige Marschall-Konjew-Straße 27 gar nicht in Zweifel stünden. Nur habe eben auch Herr Prottwedel Ansprüche, und es frage sich, wessen die älteren seien und, was wichtiger noch angesichts der sich verändernden Rechtslage, auf welche Art Person oder Personen, von denen wir besagten Besitz erwarben, diesen ihrerseits erworben hätten, und ob die Art jenes Erwerbs nach dem wohl bald auch in unserm Teil Deutschlands wieder gültigem Recht gesetzlich und in Ordnung gewesen wäre.

»Mein Elternhaus wurde nämlich«, erklärt Herr Prottwedel, »enteignet.« Und verdreht genüßlich die Augen, »Entschädigungslos.«

*

Dies verdammte Warten. Wir wußten, sie würden wiederkommen. Nur wann, wußten wir nicht, und oft ertappte ich mich, wie ich, heimgekehrt von meiner längst sinnlos gewordenen Arbeit in meinem längst sinnlos gewordenen Amt, im Zimmer saß und auf jedes Geräusch von draußen lauschte. Es hat uns aufgeweckt mitten in der Nacht, man spürt, wenn der andere wachliegt neben einem, ein zu kurzer Atemzug, eine plötzliche Bewegung, und man fängt an nachzudenken: das kann doch nicht wahr sein, denkt man, die ganze Zeit ging das Leben seinen Gang, und nun auf einmal stürzt zusammen, was für die Ewigkeit schien, und wenn nicht für die Ewigkeit, dann doch für beträchtliche Fristen; aber immerhin stand noch das Haus und gehörte uns, ein Dach war da, unter das man kriechen konnte.

»Nein«, sagt meine Elisabeth, »es wird nicht laufen, wie die sich das denken. Ein Staat oder zweie, Besitz ist Besitz, und besonders die drüben, wo kämen die hin, wenn sie zuließen, daß einer so einfach daherkommt und sagt, das war der Lieblingssessel von meinem Opa.«

Da hilft kein Schweigen; die Angst muß heraus, sonst wirst du verrückt. »Aber sie sind die Sieger«, sage ich. »Und wir selber haben sie ins Land geholt. Aufgerissen die Mauer und Deutschland, Deutschland! Gewiß, das vorher war auch kein Honigschlecken, Jahr um Jahr das ewige Ja und der ewige Gehorsam und als Lohn dafür was, eine Vergünstigung hier und da; aber das Haus wenigstens, das sie dich haben ließen, war deines und du hattest Ruhe in deinem Bett.«

»Du gibst dich geschlagen«, sagt sie, »schon vor dem ersten Schuß. Wer ist Herr Prottwedel? Ein mieser kleiner Geschäftsmann, wie sie herumlaufen bei denen zu Tausenden. Und du? Wie viele Leute hast du geleitet in deiner Dienststelle? Wenn du so gar niemand wärst, sie hätten dich lange schon gefeuert. Und du meinst, die drüben, die Herren Minister und Staatssekretäre und Generaldirektoren, sie bräuchten nicht solche wie dich, die hier die Fäden kennen und wie sie geknüpft waren und die Beziehungen von Amt zu Amt? Wart ein Weilchen, und du wirst den Prottwedel und Schwiebus das Loch weisen können, das der Zimmermann gelassen hat im Haus für sie.«

Das ist meine Elisabeth, ein wirklicher Charakter, und hellwach für jede sich bietende Chance. Und ich erkenne: so anders sind die Regeln gar nicht, nach denen die Dinge sich bewegten in dieser Republik und nach denen drüben die Oben und Unten einander begegnen, und ich fühle mich richtig gerührt und sage, »Du hast, Elisabeth, wieder einmal recht. Wir werden uns doch nicht ins Bockshorn jagen lassen von solchen wie denen.«

*

Dennoch erschraken wir beim neuerlichen Knirschen des Kieses und dem Ding-dong-dang kurz darauf.

»Es wird der Postbote sein«, sage ich, und denke, wie lächerlich, wenn er's tatsächlich wäre. In den Augen meiner Elisabeth ist wieder der Glanz, und sie nimmt mich bei der Hand, was sie, wenn sie glaubte, es wäre der Postbote, nie getan hätte, und so stützen wir einander, moralisch, auf dem Wege zur Haustür. Aber es ist weder der Postbote noch der Herr Prottwedel oder sein Freund Dr. Schwiebus; es ist eine Frau, die da in der Tür steht, dunkler Typ, mit ganz eigenartigem Gesichtsschnitt, und die, da wir überrascht zur Seite weichen, eintritt und, mit ebensolch nachtwandlerischer Sicherheit wie kürzlich erst der Herr Prottwedel, dem Ohrensessel zustrebt.

»Ich nehme an«, sage ich, »das war Ihres Opas Lieblingssessel.« Sie stutzt. »Woher wissen Sie?«

»Und Sie heißen Rothmund?«

»Eva Rothmund«, bestätigt sie, »aus Tel Aviv«, und

Deutsche Theokratische Republik

läßt sich in den Sessel fallen, in dem sie allerdings schmaler wirkt als Herr Prottwedel.

»Und auch Sie suchen Ihre Erinnerungen«, sage ich, »jetzt, wo es nichts mehr kostet, nicht einmal die fünfundzwanzig Mark für den Grenzübertritt.«

»Ich habe keine Erinnerungen«, sagt sie. »Nicht an dies Haus, und nicht an Deutschland, außer einer indirekten: an diesen Sessel, von dem mir mein Großvater oftmals erzählt hat.«

»Und was wünschen Sie dann?« sage ich.

»Ich bin die Erbin.«

»Sind Sie das«, sage ich, und dann, da mir ein Gedanke kommt, ein bösartiger, »ja, das eröffnet ganz neue Perspektiven!«

»Wieso?« fragt sie. »Und welche?«

»Zusammen mit Ihnen, Frau Rothmund«, verkünde ich, »fordre ich Prottwedel und Schwiebus in die Schranken.«

Meine Elisabeth jedoch scheint davon wenig zu halten. »Aber hat denn, Frau Rothmund«, fragt sie, »Ihr Großvater diesen Besitz nicht an einen Herrn Prottwedel verkauft?«

»Verkauft?« Frau Rothmund erhebt sich aus Ihres Großvaters einstigem Lieblingssessel und entnimmt ihrer Handtasche, billiges braunes Leder, eine Anzahl von Bogen, die sie auf den Tisch breitet. »Aus diesen Schriftstücken geht hervor«, sagt sie, »daß ich die rechtmäßige und alleinige Erbin meines Großvaters Siegfried Rothmund bin und daß dieser am 23. Februar 1936, bedroht seitens des SS-Sturmführers Dietmar Prottwedel, man werde ihn verhaften und in ein Konzentrationslager verbringen, besagtem SS-Sturmführer Prottwedel sein Haus und Grundstück Hindenburgstraße 27 überschrieb.«

»Was heißt hier Bedrohung«, sagt meine Elisabeth. »Entscheidend für den Besitzstand einer Liegenschaft ist nicht, was bei der Verhandlung darüber geredet wurde, sondern ob Ihr Herr Großvater die Kaufsumme von 35 000 Mark dafür erhalten hat oder nicht.« Und ich sehe, was vorgeht in ihrem Kopf: ihr ist die Dame aus Israel, so diese denn wirklich das Urrecht hat an unserm Besitz, die größere Gefahr; mit Prottwedel und Schwiebus würde sich, besonders nach dem Auftauchen der Frau Rothmund, eine Einigung eher herstellen lassen; West oder Ost, man war da unter Deutschen.

»Entscheidend, sagten Sie«, sagt Frau Rothmund, »entscheidend für den Besitzstand sei der Erhalt der Kaufsumme?«

»Wir haben«, sagt meine Elisabeth, »den von Ihrem Großvater mit dem Herrn Dietmar Prottwedel abgeschlossenen Kaufvertrag selber gesehen.«

»Hier«, sagt Frau Rothmund und greift nach einem der Papiere, »ist ein Affidavit mit meines Großvaters eigenhändiger Unterschrift, geleistet am Tag vor seinem Ableben in Anwesenheit eines öffentlichen Notars, des Inhalts, daß der Verkauf des Hauses und Grundstücks Hindenburgstraße 27 mitsamt dem zugehörigen Kaufvertrag null und nichtig sind, da der Käufer, SS-Sturmführer Dietmar Prottwedel, die meinem Großvater vertraglich zugesicherten und sowieso nur einen geringen Teil des wahren Werts der genannten Liegenschaft darstellenden 35 000 Mark einbehalten und unterschlagen hat.«

Meine Elisabeth schnappt nach Luft. »Aber wo stehen *wir* dann?« sagt sie schließlich, und, nach einer langen Minute, »Sie müssen doch auch an uns denken, Frau Rothmund!«

Ich weiß nicht, ob das ganz das richtige war, der Frau Rothmund zu sagen, die doch extra aus Israel gekommen war; doch was soll man auch sagen in einer solchen Situation, jetzt wo sich alles bei uns ändert?

»Goebbels«, sagt er nachdenklich, »du erinnerst dich doch?«

Dabei blickt er wie in weite Fernen, die Augen groß, dunkel, das Weiße darin durchzogen von feinen Äderchen, kein Wunder nach so vielen Jahren, wie weit liegt das auch schon zurück, 1945.

»Goebbels«, wiederholt er, »weißt du nicht mehr, was du damals gesagt hast?«

Irgend etwas über den Mann im Dunkel des Bunkers, vermute ich, muß es gewesen sein, und die Stimmung, die da unten geherrscht haben mag, und den Suizid, samt Familie. Und sage, »Du hast das bessere Gedächtnis, Michael, das habe ich nie bestritten.«

Er nippt an seinem Scotch. Er trinkt schon eine ganze Weile, praktisch seit er gekommen ist, aber man merkt es ihm nicht an. »Du hast gesagt«, sagt er, »du hättest dir manchmal überlegt, wie dem Mann zumute gewesen sein muß am Ende. Er war ja kein schlechter Psychologe, hast du gesagt, und er hatte Ideen. Und dann hast du mir erklärt, und hast gelächelt dabei, das Geschäft brauche eben, um zu funktionieren, eine Ausgangslage, die zumindest einige Chancen biete; wenn schon alles kaputt ist, hast du gesagt, und die Menschen spüren, wie die gewohnten Strukturen um sie herum zusammenbrechen, dann nutzten auch die schönsten Überredungskünste nichts mehr und die originellsten Gedanken wären für die Katz.«

Das Geschäft, über das ich ihn damals belehrte, jetzt fällt es mir wieder ein, war die Psychologische Kriegsführung, und ich betrachte meinen plötzlichen Gast, gestern abend war er noch in New York, wie er da sitzt, das schwere Glas in der Hand, und die Eisstückchen gegeneinander bewegt, und auf einmal wird mir auch klar, warum er die alte Geschichte um den Dr. Goebbels, den ich gehaßt habe, heute und hier aufs Tapet bringt: Du, mein Alter, will er mir damit sagen, befindest dich in einer ganz ähnlichen Situation wie der selige Propagandaminister.

»Michael«, sage ich, als müßte ich jede Silbe hinter mir herziehen, »Michael Heidenheim . . .«

»Hyde, bitte«, sagt er, »von Bryan, McKinley, Siskind & Hyde, Consultants.«

Jeder von uns hat das schon erlebt, glaube ich: wenn man mit Menschen, die man einst gut kannte, eine Zeitlang wieder zusammengesessen hat, ist es auf einmal, als schälten die Jahre wie tote Haut sich von den Gesichtern, und diese selber erscheinen, verschwommen zwar, aber deutlich erkennbar noch: eine Art Reflexbild in Spiegeln von gestern: das seine, das ich jetzt sehe, ist Haut und Knochen; so hatte es sich mir eingeritzt ins Gedächtnis, als er zu uns in die Redaktion kam damals, zerlumpt und verlaust, und mit dem Schrecken noch in den Augen, dem Schrecken des Lagers, und wenn er die Lippen breitzog, zeigten sich zwischen ihnen die schwarzen Löcher, wo sie ihm die Zähne ausgeschlagen hatten, die SS. Wir saßen zu jener Zeit in der Zentralredaktion der Blätter, die die U.S. Army für die lieben Deutschen machte, um sie auf andere als Nazi-Gedanken zu bringen, und irgendwie spürte ich, es steckte mehr in dem Jungen als beim ersten Blick sichtbar, und ich gab Anordnung, ihn aufzufüttern und auszustaffieren und ihm ein Bett zu verschaffen irgendwo und ihn auf die Gehaltsliste für deutsches Zivilpersonal zu setzen als Volontär, und er war mir dankbar wie ein zugelaufenes Hündchen, dem man ja auch gelegentlich einen Tritt gibt, und allmählich begann ich, fast so etwas wie väterliche Gefühle für ihn zu entwickeln, möglicherweise weil er mich eines Tages wissen ließ, ich ähnelte, im Ton der Stimme und in der Art, wie ich mich bewegte, seinem Vater; dann jedoch stellte sich heraus, daß er von seinem Vater schon getrennt worden war in einem Alter, als er noch kaum feste Erinnerungen an ihn gehabt haben konnte.

»Wenn du meinst . . .«, sage ich. Und konzediere ihm, »Doch, du magst recht haben. Ein paar Tage lang hab ich geglaubt, wir hätten gesiegt, ich und die Handvoll mir Gleichgesinnter.«

»Jedenfalls sahst du so aus dort auf der Tribüne: wie ein minderer Caesar nach seinem Siege.« Er trinkt wieder, einen gehörigen Schluck. »Seinem Sieg über irgendwelche unbedeutende Stämme.«

»Du schmeichelst mir«, sage ich. »Die Wandlung von Heidenheim in Hyde und dein Aufstieg aus der bundesdeutschen Medienlandschaft ins Chefbüro von Brian, McKinley, Siskind & Hyde in der Park Avenue, nach nützlichem Umweg über den Seitenflügel des Weißen Hauses, hat nichts von deiner naturgegebenen Bosheit abgeschliffen.«

»Du hast, scheint's, meinen Weg verfolgt«, sagt er.

»Wo werde ich denn nicht«, sage ich. »Ich habe dir deine schönen Kenntnisse doch beigebracht, von der Manipulation der Worte bis zu der der Menschen.«

»Ich bin nicht boshaft zu dir, du täuschst dich.« Er streicht sich über das krause, nun auch schon ergraute Haar an der Schläfe, unter der es zu zucken begonnen hat. »Ich habe Angst.«

»Um wen? Mich?«

»Auch.«

»Ich bin ein alter Mann«, sage ich. »Was soll mir noch passieren?«

»Man kann auch seelisch zugrunde gerichtet werden.« Seine Lippen verziehen sich. Die Zähne, die sie ihm ausgeschlagen haben, sind längst ersetzt, ein prachtvolles Gebiß. »Sie werden dich hernehmen und dir ihre

Messer zwischen die Rippen stechen, nahe der Herzgegend.«

»Und bist du gekommen, Michael Heidenheim, mir das zu sagen?«

Er meidet die Antwort. »Auch ich«, sagt er, »habe deine Tätigkeit mit Interesse beobachtet – deine Essays gelesen, deine Reden mir exzerpieren lassen, deine Video Tapes gesehen: der alte Meister. Und wie du das aufgebaut hast über die Jahre, deine Autorität im Lande, gegen so viele Widerstände, und single-handedly, wie sagt man das im Deutschen, auf eigene Faust? – nein, das faßt es nicht – das Englische ist eine viel brauchbarere Sprache in vielem: *ein* Mann, gegen einen ganzen Apparat . . .«

»Es gab auch andere«, sage ich, und ärgere mich über ihn, wie es mich schon damals geärgert hat, wenn er mir um den Bart ging, sobald er etwas von mir wollte.

»Und nun sitzt du da«, sagt er und hebt das Glas und blickt mich an durch das Honiggelb der Flüssigkeit, als sähe er mein Gesicht zum ersten Male, »sitzt da wie dein Dr. Goebbels selig, nachdem er sein letztes Aufgebot noch in den Kampf geschickt hat, erinnerst du dich, wir haben das Photo vorgefunden in der Ecke eines Schreibtischfachs in der Redaktion, ihn zeigend in seinem Ledermantel, und die verschreckten Augen der Kindersoldaten unter ihren großen, zerknitterten Feldmützen, schrecklich, und kein Flugblatt, das noch etwas hätte bewirken können, und keine Ansprache im Rundfunk, die noch einer gehört hätte, und die Zeitungen erscheinen auch längst nicht mehr, nur die Übermacht der Amerikaner steht gegenüber und millionenweis flattern ihre Passierscheine vom Himmel und werden aufgelesen von den müden Landsern, *Kommt herüber, wir garantieren euch Leben und Sicherheit, gute Behandlung, gutes Essen,* und die Wehrmacht entschwindet gen Westen, so wie deine DDR-

Das Hohe Haus

Menschen heute, und du nichts dagegen machen kannst, nichts, nichts: Psychologische Kriegsführung, mein Alter, doch diese unter den herrlichsten Voraussetzungen!«

Trotzdem sieht er nicht glücklich aus, mein ehemaliger Musterschüler, jetzt bei der Firma Brian, McKinley, Siskind & Hyde, Consultants, und ich sage, »Das hab ich mir lange gedacht, daß das ein Job gewesen ist von einem aus unserer Branche, und der Text auf unsern alten Passierscheinen war nicht mal gar so anders als das, was heute abgeleiert wird, die großen Versprechungen, was sie alles erhalten würden an Schönem und Gutem, die Lieben, und ganz umsonst, wenn sie nur brav kämen mit erhobenen Händen, *Ei ssörrender.* Aber wer, frage ich, hat das Ding jetzt gedreht? Den plötzlichen Wandel im Gehirn der Leute von *Wir sind das Volk* zu *Wir sind ein Volk.* Du, das ist fast genial, diese totale Umkehr von Sinn und Bedeutung eines Schlachtrufs durch ein winziges Wort. Wenn er nicht so lange schon unter der Erde läge, hast du ihn übrigens besucht auf dem Friedhof in Ascona auf deiner letzten Reise, würde ich vermuten, der Gedanke stammte von Hans Habe.«

Er füllt sein Glas nach und hebt es mir zu, »Dem Andenken des teuren Toten!« Nur an der Stimme, die noch sonorer klingt als sonst, läßt sich erkennen, daß der Alkohol zu wirken beginnt.

»Oder das«, sage ich, »auf einem Riesenspruchband, schwarz-rot-gold, in Leipzig: *Kommt die D-Mark nicht hier, gehn wir hin zu ihr!* Das ist die beste Definition von Deutschland, einig Vaterland, die ich je gesehen habe.«

»Gut, nicht?« sagt er, mit einem Anflug von Stolz, so hört es sich an.

»Fast genial!« wiederhole ich, und mutmaße, »In Bonn war es keiner; ich kenn doch die Typen in den zuständigen Ämtern; du brauchst sie nur kurz zu betrachten, wenn sie herumwieseln dort, wichtig, wichtig, wichtig, und ihre

Nasen hervorstecken hinter einem Ministerrücken und dem erstbesten Fernsehmenschen ihre Weisheiten vorerzählen, und du weißt Bescheid. Und die Burschen in dem Hamburger Wochenblatt da – gelehrige Clowns, bar jeder Originalität. Dem Goebbels könnt keiner von denen das Wasser reichen, geschweige denn echten Profis wie dir oder mir.«

Er lacht, vom Bauche her, der Scotch schwappt gefährlich. Und er läßt erkennen, wie stolz er ist, daß ich ihn so direkt an die Spitze der Profis stelle. Und sagt, »Aber du bist der Größte.«

Das läßt mich nun doch aufhorchen. »Michael –« sage ich, »Michael Heidenheim«, und mein Blick fixiert sich auf seinen Adamsapfel, der damals, als wir uns kennenlernten, aussah wie ein Stück Hühnerknochen, ihm steckengeblieben im dürren Halse und ihn zu ersticken drohend, und jetzt da eingebettet liegt in solides Fett, »Michael, warst *du* das?«

Er grinst. Aber das Grinsen gefriert ihm, und die Hand, die das Glas hält, bebt ihm plötzlich, so als verspürte er große Angst.

»Trink«, sage ich ihm, »du mußt den Alkoholspiegel halten, sonst kippst du um.«

»Genial!« Für einen Moment ringt er nach Luft; dann geht es wieder. »Genial! hast du gesagt.«

»Fast genial«, korrigiere ich.

Er weiß, was ich jetzt denke von ihm, und in welchen Kategorien. Wasser sammelt sich ihm in den Augen, tatsächlich, gleich wird er anfangen zu flennen. »Du weißt ja nicht«, schnieft er, »was ich leide.«

»Du«, sage ich, »leidest. Wieviel haben sie gezahlt an Brian, McKinley, Siskind & Hyde für die Beratung?«

»Ich bin kein Judas!« Er richtet sich auf, so gut es geht. »Ich bin einfach gegen die Kommunisten. Sie haben ja auch dich kaputt gemacht. Oder hast du's nicht schwer genug gehabt, wie sie dir noch im Nacken saßen? Und jetzt sind sie kaputt, Gesindel, elendes, kaputt und erledigt.«

»Was jammerst du dann?« frage ich. »Warst du nicht erfolgreich? Ein ganzes Volk, und was für eines, von den Füßen, auf denen sie gerade zu gehen lernten, auf den Kopf gestellt. Hast du sie dann gesehen? Und gehört? Wie haben dir die Texte gefallen, und die Töne? An wen hast du gedacht dabei? Deinen ermordeten Vater? Oder gar an dich selber, in der Zeit, da du zu uns gekrochen kamst, mehr tot als lebendig?«

Eben war das Glas noch halb gefüllt; jetzt hat er's geleert. »Hilf mir«, sagt er, mit schwerer Zunge. »Du mußt mir helfen. Du kannst es. Mach es rückgängig irgendwie, eine neue Linie, neue Texte, neue Methoden, alles neu, alles anders, ganz gleich, was es kostet, ich bekomme das durch, glaub mir, und du kannst es schaffen, wenn einer, dann du, du bist der Meister, ich hab's doch erlebt, damals, wir blocken es ab, sonst kommt eines zum andern, diese Grenze, jene Grenze, Jubel, Hurra, ein Reich, ein . . . Und dann ist kein Halten mehr, und es schwemmt uns alle fort, dich, mich . . .« Er richtet sich auf, mit Mühe, die Knie wollen ihm versagen, er klammert sich an mich, keucht, »Hilf mir doch!«

»Besen!« sage ich. »Besen, Besen, seid's gewesen!«

Er starrt. Die Augen, schwarz, dunkel, treten hervor. Dann beginnt er zu verstehen. »Goethe!« sagt er. Und dann, »Das ist alles?«

»Aber es paßt doch auf die Situation«, sage ich. »Oder etwa nicht?«

Alte Bekanntschaft

Ich habe mir seit je die größte Mühe gegeben, nicht aufzufallen, und habe mich stets einzufügen gesucht in die Reihen der Durchschnittlichen, deren Interesse im Leben nur eines: sich rechtzeitig anzupassen an das Gängige, Konflikte zu meiden, besonders mit denen oben, und eine möglichst kosige Nische zu finden.

Aber es hat nichts genützt. Vielleicht habe ich irgendwann doch etwas geäußert, was den Behörden zu denken gab, so daß sie seither ein Auge auf mich haben. Oder mein Mißgeschick rührt daher, daß Regierungsämter und deren Bedienstete nach Mustern funktionieren, in die einer wie ich nicht hineinpaßt; fast könnte man meinen, mein Körpergeruch sei anders als der behördliche; die Vertreter der Staatsmacht brauchen nur kurz Witterung zu nehmen, und schon regt sich in ihnen Verdacht: sie spüren das fremde Etwas im Raum, eine Gefahr, noch undefinierbar und gerade deshalb um so gravierender.

Mein Freund Wohlrabe hält nichts von der Geruchstheorie. Eher, sagt er, könnte es an meinem Gesichtsausdruck liegen. Besonders in meinem Blick säßen die Zweifel, die einen Untertan bei der Obrigkeit unbeliebt machen; und in der Tat, wenn ich mich beim Rasieren im Spiegel betrachte, oder beim Knoten der Krawatte, die ich gelegentlich noch trage, muß ich feststellen, daß Wohlrabe mit seiner Meinung sehr wohl recht haben könnte.

Er ist ja auch ein Kenner der Materie. Wohlrabe hat, für seine Bedürfnisse, eine ganze Physiognomielehre entwickelt, in die er mir, wenn er so gelaunt war, Einblick gewährte: neben den Augen, sagt er, seien es die Stirn, die Lippen, das Spiel der Muskeln um Kinnbacken und Schläfe, die charakterliche Anhaltspunkte lieferten; er läse diese Sorte von Merkmalen wie etwa ein Schiffskapitän die Linien auf seiner Seekarte, hier befänden sich Untiefen, dort sollte man glatte Fahrt machen können. Einem Manne, so denke ich, der seine Umgebung auf diese Weise beobachtet, dürfte es an Kurzweil nicht fehlen – beneidenswert.

Aber wenn Sie mich jetzt um eine genauere Angabe des Zeitpunkts bäten, zu dem ich Wohlrabe kennenlernte, müßte ich passen; vor drei, vier Jahren etwa, als die ersten Risse sich zeigten in dem vorher anscheinend so festen Gefüge von Staat und Partei, trat er ganz unvermittelt in mein Leben, sagte, er sei Journalist, freischaffend, und blieb, ohne sich irgendwie aufzudrängen und oft kaum bemerkt, präsent. Es gibt derart Menschen; es ist, als trügen sie, wenn auch nicht ständig, eine Tarnkappe, und mehr als einmal geschah es, daß ich im Glauben, er stünde hinter mir, mich nach ihm umwandte, ihn jedoch nicht vorfand. Aber selbst wenn er deutlich und dreidimensional anwesend war, schien er öfters wie abgekapselt; in Gesellschaft verhielt er sich, und dies bis zuletzt, bis unsere Wege sich trennten, eher schweigsam; wenn er aber sprach, sprach er klug und zum Wesentlichen, sogar bei kontroversen Fragen, obwohl er sich da nur selten festlegte.

Mit der Zeit wäre es auch einer weniger mißtrauischen Natur als mir aufgefallen, daß der Zufall uns beide häufiger zusammenführte, als ein normaler Zufall es getan hätte; ohne ersichtlichen Grund tauchte er, sich meist im Hintergrund haltend, bei Besprechungen auf, die von Themen handelten, welche ihn überhaupt nicht betreffen konnten, besuchte Zusammenkünfte von Kreisen, denen er in keiner Weise sich zugehörig fühlen durfte, und drängte sich in Parties ein, zu deren Besuch ich wenige Stunden vorher noch gar nicht entschlossen gewesen war. Ich hatte einen Schatten gewonnen, der mir auf beinah rührende Weise anhing, und nach anfänglichem Unbehagen gewöhnte ich mich nicht nur an ihn, sondern fühlte mich sogar unsicher, wenn er aus irgendeinem Grunde nicht erschien. Rechnet man hinzu, daß ich ein eher schutzbedürftiger Mensch bin und die Einsamkeit, in der ich seit dem Hinscheiden meiner Frau lebe, mich zusätzlich belastet, so wird meine Haltung noch verständlicher werden. Wenn ich nachts durch die Vorortstraßen, in denen aus dem Dunkel die Betrunkenen grölen, meiner Wohnung zustrebe, wage ich kaum, mich umzusehen, und um so willkommener ist mir dann die Nähe jemandes, der mir zur Not Beistand leisten kann, nicht im Wortstreit, da weiß ich mich durchaus zu behaupten, aber physisch, und Wohlrabe hatte, Schultern, Hüften, Gang bewiesen es, einen glänzend durchtrainierten Körper. Und wenn er gar, der offenbar einen Wagen besaß oder zumindest zur Verfügung hatte, aus einer Seitenstraße aufkreuzte, ein paar Schritte neben mir herfuhr, die Fensterscheibe herabkurbelte und, freundlich grüßend, sich erkundigte, ob er mich nicht nach Haus fahren dürfte, nahm ich das Anerbieten gerne an, obwohl es mich verpflichtete, ihn noch auf einen Drink oder eine Tasse Kaffee zu mir einzuladen.

*

In einer solchen Stunde, es ging auf Mitternacht, fragte ich ihn offen heraus, wie es denn käme, daß er seit geraumer Zeit sich in meinem Leben, er möge das Wort mir bitte nicht verübeln, eingenistet habe, und ob dahinter eine Absicht stecke, und wenn ja, welche und von welcher Seite; ich sei, setzte ich hinzu, doch nicht der Typ, der irgend jemandem gefährlich werden könnte und daher einen Aufpasser bräuchte; auch seien, wie er wohl wisse, meine persönlichen und gesellschaftlichen Verbindungen ein offenes Buch; und schon gar nicht besäße ich verborgene Reichtümer oder in meiner Schublade Entwürfe von Erfindungen, die irgendwelchen Gruppen oder Organisationen von Bedeutung sein könnten: kurz, woher sein Interesse an mir, warum verfolge er mich?

Er antwortet nicht, oder nicht sofort. Doch nach einigem Nachdenken fragt er mich, ob ich denn, wenn ich ehrlich mit mir wäre, ihm nicht konzedieren würde, daß ich behördliche Aufmerksamkeit verdiente: die Gefahren für Staat und Gemeinwesen lägen weniger im Tun einer Person – dieses sei leicht zu erkennen und zu bekämpfen – als in deren Gedanken. »Gedanken«, sagt er, »springen über von einem zum andern. Überprüfen Sie doch einmal, was da herumsprüht in Ihrem Kopfe und noch mehr in Ihrer Brust: würden Sie nicht auch, säßen Sie anstelle der für Ruhe und Ordnung Verantwortlichen, einen wie Sie im Auge behalten?«

»Sie sind also, Herr Wohlrabe«, sage ich, »auf mich angesetzt, sozusagen.«

»Ich könnte«, erwidert er, »für jedes unsrer Zusammentreffen durchaus stichhaltige Gründe nachliefern, die jeden in dieser Richtung laufenden Verdacht ausräumen würden; doch in der Häufung unserer Begegnungen, das läßt sich nicht leugnen, liegt das Mißliche, das geeignet ist, unser Verhältnis zu trüben.«

»Unser Verhältnis«, wiederhole ich. »Was denn empfinden Sie für mich, daß Sie es noch erhalten möchten, nachdem Sie mir soeben die Motive für Ihre, sagen wir, Anhänglichkeit eingestanden haben?«

»Soll denn einer«, Wohlrabes Gesicht verzog sich, als litte er tatsächlich, »soll denn einer wie ich kein Innenleben haben dürfen? Keine Sympathien, keine Gefühle von Freundschaft?«

»Und womit«, frage ich, »habe ich Ihre Sympathien verdient? Was habe ich Besonderes für Sie getan? Oder läuft unser Denken so parallel? Oder haben Sie gar Neigungen, die ich bei meiner Veranlagung zu erwidern nicht imstande wäre?«

»Lassen Sie die Frivolitäten«, sagt er. »Fragen Sie sich lieber, ob einer, der auf dienstliche Anordnung hin einem Mitbürger ein gewisses Maß von Wachsamkeit widmet, auch unbedingt dessen Feind sein muß? Und selbst wenn unser beider Anschauungen mitunter differieren, schließt das jede andere Beziehung von Mensch zu Mensch aus?«

Er stützt sich, als seien ihm Kopf und Schultern auf einmal zu schwer, auf seine Ellbogen. Und lag nicht auch, dachte ich, ein geheimer Reiz in einem engeren Verhältnis zwischen Lauscher und Belauschtem? Dann lehnt er sich vor, »Ganz abgesehen davon, daß Sie sich selber eine Menge Unannehmlichkeiten ersparen und zugleich mir meine Aufgabe ganz ungeheuer erleichtern könnten, wenn wir ein wenig kooperierten. Eine Behörde ist wie eine Wildkatze im Käfig: harmlos, wenn regelmäßig gefüttert und nicht durch Lärm oder spezielle Gerüche gereizt.« Womit er auf einen Zettel deutet, den er plötzlich in der Hand hat, »Sehen wir einmal, was die wissen möchten« – wobei die Betonung des *die* keinerlei Werturteil enthält, der hinweisende Nominativ pluralis hätte sich ebensogut auf ein Paket Nudeln beziehen können.

Sollte man die Sache nicht doch eventuell probieren, dachte ich. Was ich ihn an Informationen wissen lassen würde, kontrollierte ja schließlich ich!

Er nahm mein Schweigen wohl als eine Art Einverständnis und stellte ein paar unverfängliche Fragen, jederzeit bereit, wieder zurückzuweichen, und nichts würde gewesen sein zwischen uns beiden. Ich erinnere mich nur noch ungefähr, was sie damals über mich zu erfahren wünschten: etwas über meinen Umgang mit Dozenten an der Ingenieurhochschule, glaube ich, und über meine Reisepläne im März und April des Jahres; Wohlrabe und ich beschlossen, ihnen ein knappes halbes Dutzend Namen zu liefern von Leuten, deren dienstliche

Argumente gewisser Kreise
sind schlagende Beweise.

Meine
Damen & Herren.

Kontakte mit mir längst zutage lagen, und was die Reisen betraf, die komplette Liste plus einem nichtamtlichen Abstecher; die kleinen persönlichen Sünden freuen sie am meisten, erläuterte Wohlrabe; die häufeln sie auf für eventuelle künftige Verwendung.

*

Nun könnte jemand einwenden, mit dem Teufel sei nicht gut Kirschen essen; am Ende möchtest du selber als einer der Teufel dastehen, dir zum Abscheu: erst ein kleiner Verrat, ein winziges Denunziatiönchen, niemandem eigentlich schädlich; dann eines, das schon von Bedeutung, wenn auch von geringer; dann ein größeres, das diesen Genossen den verdienten Aufstieg kostet oder jene Genossin den Job; und so weiter und so fort, bis du endlich auch Geld dafür nimmst und teilhast an den Vorrechten und Genüssen der Kameraden von der unsichtbaren Front und ihnen verfällst mit Haut und Haar.

Etwas der Art sagte ich Wohlrabe auch, und fügte hinzu, dieses werde er von mir nicht erhalten, das schwöre ich ihm. Und wirklich bekam er von mir nur was man, unter Fachleuten, als Spielmaterial bezeichnet, und da er selber mitspielte in dem Spiel, fiel es mir nicht gar so schwer, mir die Finger relativ sauber zu halten; die größeren Schwierigkeiten dürfte er gehabt haben: mehr als einmal deutet er an, daß seine Freunde ihn um solidere Fakten bedrängten als die, die ich im vorsetzte, und daß er es nicht leicht hatte, sie hinzuhalten.

Aber warum begnügte er sich mit seinen begrenzten Ergebnissen? Er hätte mich doch unter Druck setzen können: Hör zu, Bursche, hätte er nur zu sagen brauchen, du hast uns den kleinen Finger gereicht; jetzt gib uns gefälligst die Hand. Dann hätte ich zu entscheiden gehabt, ob weiterzumachen und zum Schufterle zu werden oder mich von ihm zu trennen und so den Zorn seiner

Freunde auf mich zu ziehen, einen Zorn, dessen üble Folgen jeder kannte. Oder erklärte sich seine Genügsamkeit dadurch, daß unser gemeinsam erarbeitetes Spielmaterial doch genügend ernsthaften Stoff enthielt, um den Ansprüchen seiner Freunde zu genügen und gegen all meine Absichten Unheil anzurichten, für das ich dann verantwortlich wäre?

*

Gespräche, schicksalsbestimmende besonders, kommen meistens ganz unbemerkt zustande; oft weiß man hinterher nicht einmal, welcher der Partner den Anstoß dazu gab. Im Gedächtnis ist mir Wohlrabes Bemerkung geblieben, ziemlich am Anfang der bewußten Unterredung, wie die Zeiten sich doch änderten und ob ich nicht auch das Gefühl hätte, daß, was gestern noch unbeweglich erschien, sich heute zu rühren begänne, und ob auch ich es für möglich hielte, daß wir uns einem jener Momente näherten, da, laut Hegel, Quantität umschlug in eine neue Qualität.

Auf genau einen solchen Moment, das war ja der tiefere Grund für das Mißtrauen der Ordnungsmächte mir gegenüber und für Wohlrabes Allgegenwart in meiner Nähe, hatte ich längstens hingearbeitet, und die Bestätigung, just von ihm kommend, daß der Moment kurz bevorstand, erfüllte mich mit Genugtuung, mehr noch, mit innerem Jubel.

»Sie müssen doch, nehme ich an«, sagt er, »sich oft schon gewundert haben über meine, nennen wir es Toleranz. Ich bin ja auch, offen gesagt, nicht ausgeschickt worden, um Sie zu päppeln.«

»Sondern?«

»Zuerst«, sagt er, »dachte ich, ich käme am weitesten bei Ihnen auf die weiche Tour.«

»Und wie weit sind Sie gekommen?«

»Dann«, sagt er, »begannen Sie mir leid zu tun. Gesetzt

den Fall, dachte ich, ich hätte Sie ausgenommen, wie wir es gewohnt sind zu tun, Ihre sämtlichen Innereien fein säuberlich auseinandergepickt und auf die übliche Weise verwertet: was wäre aus Ihnen geworden!«

»*Ich*«, sage ich, »begann Ihnen leid zu tun. Was sind Sie, ein Engelchen?«

»Sie haben's mit den Jenseitigen«, sagt er. »Irgendwann äußerten Sie bereits, mit mir zu verkehren hieße mit dem Teufel Kirschen zu essen. Schöner Teufel, angekränkelt innerlich und leid des Menschenpacks, das er aufspießen und rösten soll über einem Feuer, das nur noch qualmt.«

»Warum machen Sie dann nicht Schluß?« frage ich. »Jetzt. Gerade rechtzeitig noch vor dem Hegelschen Punkt.«

»Weil das nicht geht«, sagt er. »Einmal in dem Verein, immer in dem Verein. Seien Sie froh, daß ich Sie davor bewahrt habe.«

»Großen Dank«, sage ich. »Aber was jetzt?«

»Ich weiß nicht«, sagt er, »was kommen wird. Aber was es auch sein mag, Sie können ja, falls Sie einmal gefragt werden, bestätigen, daß ich von gutem Charakter bin, mit Absichten und Motiven, die man wahrlich nicht als bösartig bezeichnen kann.«

»Ich werde«, sage ich, »in dem Sinne aussagen.« Und da ich an seiner Stirn und dem Ausdruck der Augen, und an dem Spiel der Muskeln um seine Kinnbacken und Schläfe, an all den Stellen also, an denen, wie er mir beibrachte, Wesen und Stimmung des Menschen ablesbar sind, erkenne, wie ihm zumute ist, ergänze ich, »Es dürfte aber, Herr Wohlrabe, kaum notwendig werden.«

*

Ich sah ihn an jenem denkwürdigen 4. November des Jahres 1989; er kam, in voller Sicht der auf den Dächern rundum montierten Videokameras der Polizei, auf den Alexanderplatz marschiert und trug, zusammen mit einem mir Unbekannten, ein Transparent, darauf mit großen, dilettantisch gezogenen schwarzen Lettern zu lesen stand, *Stasi in die Produktion!*

Auch er mußte mich gesehen haben, denn er grinste mir zu, als wollte er mir gratulieren; dann war er vorbeigezogen, und ich fand ihn an dem Tag nicht wieder. Dafür klingelte es etwa eine Woche danach an meiner Tür, und er stand da, eine Flasche in der Hand, und fragte, ob er hereinkommen dürfe; es bestünde kein Grund mehr zu irgendwelcher Geheimhaltung unsrer Beziehung, und sowieso sei alles zu Ende, worauf diese gegründet gewesen sei, Prost, Gesundheit!

Ich war doch irgendwie berührt: er war das Nächstbeste zu einem Freund gewesen, und ich fragte mich, ob, und wann, wir uns noch einmal begegnen würden. Und sage, »Eines Tages werden die Leute sich noch zurücksehnen nach einer Zeit, wo man wußte, wer zu fürchten war.«

»Es wird«, sagt er, »eine große Unsicherheit sein im Volke, und sie werden nach neuen Feinden suchen: Juden, Kommunisten, Fremden, allen, die irgendwie aus der Reihe reden.«

»Der gleichen Garnitur«, sage ich, »die euch schon als Freiwild diente.«

»Aber natürlich«, sagt er. »Sind wir nicht Fleisch vom Fleische dieses Volkes?«

»Touché«, sage ich. Und erkundige mich, »Was werden Sie nun tun? Sie, Major Friedrich Karl Wohlrabe. Persönlich, meine ich.«

»Wenn ich das wüßte«, sagt er, »würde ich es Ihnen nicht sagen. Aber ich weiß es nicht. Noch nicht.«

*

Er denkt marktwirtschaftlich.

Man kann davon ausgehen, daß zwischenmenschliche Beziehungen stets von irgendwelchen mehr oder minder egoistischen Beweggründen motiviert sind; kennt man diese, so werden die Beziehungen gedeihen; andernfalls bleibt immer, bewußt oder unbewußt, ein Bündel beunruhigender Fragen.

Bei ihm wußte ich, was ihn trieb; unser Verhältnis war also klar gewesen und ohne störende Zwischengedanken; man konnte sich aussprechen mit ihm und relativ sicher sein, daß er nur das, worauf wir uns einigten, weiterberichten würde; um so mehr vermißte ich ihn nun.

Einzig die Tatsache, daß alles im Lande sich mit so rasantem Tempo entwickelte, verhinderte, daß ich mich der Trauer um ihn des längeren hingab; ich mußte erleben, wie rasch die Blütenträume, die ich mit mir herumgetragen, welkten, und mußte mich, wollte ich überhaupt ein paar Karten im Spiel behalten, kurzfristig umstellen: mit sichtlichem Erfolg; die Partei, der ich mich anschloß, delegierte mich alsbald zu Tagungen und Konferenzen auch außerhalb der Grenzen, und ich muß sagen, daß ich die Betriebsamkeit und das Hin und Her genoß, eine Zeitlang wenigstens, bis mir klar wurde, daß sich das Ganze nur in der Richtung, in der gesteuert wurde, nicht aber in seinen inneren Strukturen von dem Vorherigen unterschied; oft geschah es sogar, daß ich beobachten konnte, wie dieselben Leute, die ich von früher als gehorsame Diener der Macht kannte, in wieder derselben Funktion und derselben Manier die Knochen, die man ihnen zuwarf, apportierten.

In derlei Gedanken versunken, saß ich in der Bar des Hotels, das uns im Konferenzort zugewiesen, und spürte auf einmal wieder jenes Gefühl im Nacken, das mir einst angezeigt hatte, daß mein ständiger Begleiter nahebei war, ob dreidimensional oder im Schutz seiner Tarnkappe. Eine Weile ließ ich das Gefühl auf mich einwirken, ohne zu reagieren; ich war nicht mehr der, der ich gewesen, und es war eine andere Zeit, und ein anderes Land, und ich würde mich nicht narren lassen. Schließlich aber wandte ich mich doch um, mit einem Schwung nach rechts, den der drehbare Sitz des Barhockers mir erleichterte: Wohlrabe war, ganz wie erwartet, nirgends zu sehen.

Dann jedoch, aus dem Nichts links neben mir, die bekannte Stimme, »Wie wär's mit unserm alten Arrangement?«

Er hatte ein halb geleertes Glas Martini vor sich auf der blanken Theke; das Stückchen Zitronenschale darin verlieh der Szene die Realität, die ich ihr zuerst nicht zuzubilligen bereit war.

»Nun?« fragt er, mit allem, was ihn je auszeichnete, im Blick.

»Sie sind wieder im Dienst?« sage ich.

Er nickt.

»Bei wem?«

Er zögert. Dann sagt er, »Was ist der Unterschied«, und legt mir den Arm um die Schulter, väterlich fast: »Hier oder dort: solange die einen die Macht haben und die andern keine, bleibt die Rollenverteilung immer die gleiche.«

Rette sich wer kann

Was heißt, der Laden gehört mir nicht.

Natürlich gehört er mir nicht, aber wer soll sich denn sonst darum kümmern? Das Politbüro vielleicht, das es seit Herbst nicht mehr gibt und von dem nichts weiter geblieben ist als ein großer Gestank? Das Ministerium? Die Hauptverwaltung? Da weiß doch längst keiner mehr, auf welchem Stuhl er sitzt, und ob er überhaupt noch auf einem Stuhle sitzt oder schon draußen. Oder das Volk gar? Schließlich läuft der Laden unter dem Kürzel VEB, VEB Dreh- und Bohrmaschinen, und ich bin der ökonomische Direktor, und über mir steht, rangmäßig, nur noch der Genosse Seybold, und der läßt sich hier kaum mehr blicken.

VEB, Volkseigener Betrieb. Aber wer ist das Volk? In all den vierzig Jahren Republik, hat uns je einer erklärt, wer das Volk wirklich ist, bis das Volk dann anmarschiert kam auf der Straße und lauthals verkündete: *Wir* sind das Volk? Doch das ist auch nur eine Redensart, die so gut wie nichts bedeutet, wenn es um Reales geht, etwa um Besitzverhältnisse. Ist das Volk eine Person, eine juristische wenigstens? Ist es haftbar zu machen, wenn der Betrieb zusammenbricht? Was versteht das Volk vom Geschäft, von Saldo und Bilanzen und Kredit und Verlust? Nur zahlen muß es immer, das Volk, aber das ist überall so auf der Welt und nicht nur bei uns.

Was bleibt also? An wen sollen sie sich halten, die Herren von Wesendonck & Brendel, die ihren Sitz haben in Duisburg und Basel und Glasgow, wenn sie sich für mehr interessieren als ein bloßes Joint Venture in unserer demnächst verflossenen Deutschen Demokratischen Republik und statt dessen einen richtigen soliden Einstieg wünschen: an wen, wenn nicht an mich?

Das ist die neue Entwicklung, die keiner erwartete.

Oder vielleicht doch. Und es war ausgerechnet der Genosse Seybold, der mir, Monate vor der berühmten Wende schon, damals in Willershagen, die Möglichkeit angedeutet hatte, Genosse Generaldirektor Siegmund Seybold, der meines Wissens bis dahin nie einen auch nur im geringsten ketzerischen Gedanken geäußert hatte. In Schloß Willershagen, das einst den Großherzögen gehörte, hielt das Ministerium alljährlich seine Lehrgänge für Wirtschaftliche Leiter ab, und in der Pause, im Park, wo nur die Schwäne auf dem Teich ihn hören konnten, sagt Seybold zu mir, »Was hälst du von Müller-Kraschutzki?«

Müller-Kraschutzki, Bruno, Dr. jur., Dr. rer. oec. war Staatssekretär, und ein Betonkopf, wenn es je einen gab.

»Wieso fragst du?« frage ich.

»Weil er«, sagt Seybold, »auch dieses Jahr wieder die alten Sprüche vom friedlichen Übergang vom Kapitalismus zum Sozialismus loszulassen für nötig hielt.«

»Und warum sollte er nicht?« gebe ich zu bedenken.

»Weil«, sagt der Genosse Seybold, »es auch umgekehrt kommen könnte.«

»Wie meinst du das?« frage ich, und es rieselt mir dabei kalt über den Rücken.

»Vom Sozialismus zum Kapitalismus«, präzisiert Seybold, »könnte es ja auch laufen, nicht?« Und wirft den Schwänen ein paar Brotbrocken zu, die er ihnen mitgebracht hat, ein Mann mit Herz.

*

Es war die reine Prophetie gewesen.

Im Nachhinein läßt sich natürlich leicht behaupten, daß alles damals schon erkennbar war. Trotzdem, meinen Respekt vor dem Genossen Seybold, der nicht nur vorauszusagen, sondern auch vorauszuhandeln verstand.

Das Rückgrat der deutschen Staaten:

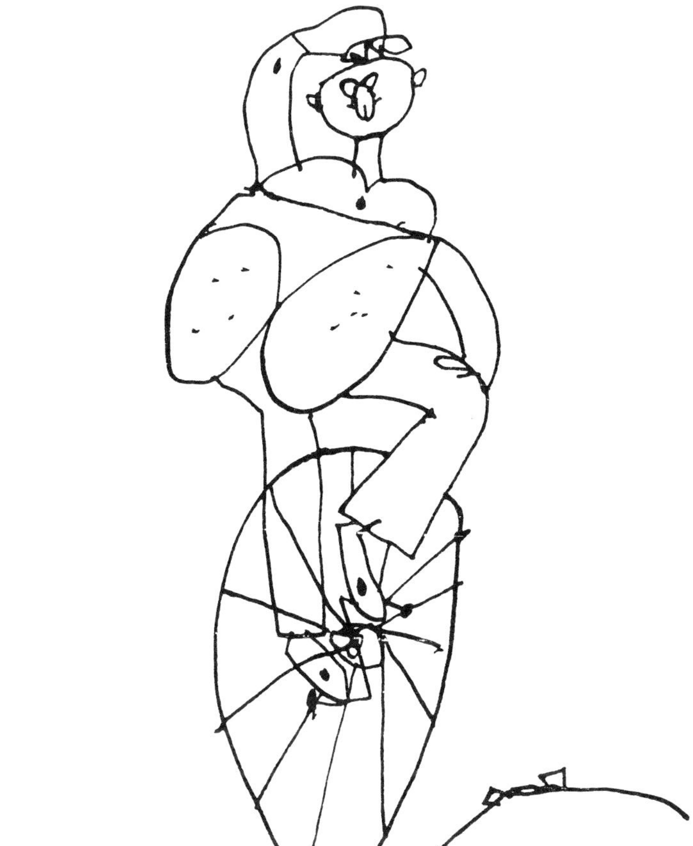

die Radfahrer-Demokraten.

Da hockt er nun in meinem Büro, und die getreue Paula, meine Sekretärin, hat den Kaffee gebracht, und wir reden, Seybold und ich, über die neuen Zustände und welches die Perspektiven seien und ihr Wieso und Warum, und wie doch die ganze Wirtschaft vor die Hunde gegangen wäre in der Republik und kein Unternehmen mehr rentabel arbeite, auch mein Laden nicht, und wie lauter neue Löcher aufgerissen würden, nur um die alten zu stopfen, und je eher wir Anschluß fänden an eine Wirtschaft, in welcher die regulativen Kräfte des Marktes segensvoll wirkten, desto besser, und gar in der Politik, wer habe denn da noch das Sagen, und wer denn sei eigentlich legitimiert, legitimiert, auch so ein Wort, das Sagen zu haben, die alten Parteien vielleicht, oder die neuen Gruppen etwa und die Bürgerkomitees mit ihrem dauernden Palaver und ihren verschiedenen Tischen, runden und eckigen? Aber nicht für ihn, Siegmund Seybold, diese Hektik, in der sich so viele der führenden Genossen verlören, dieser allgemeine Trieb, Rette sich wer kann, samt öffentlicher Lossagung von allem, was einst galt; obwohl einer natürlich auch sehen müsse, wo er bleibe. Dann lehnt er sich zurück und sippt, genüßlich, ein Schlückchen aus seiner Tasse. »Zeit des aufrechten Ganges! ... der deutschen Einheit! ... der Öffnung zur Welt! ... Weißt du, was für eine Zeit dies ist? – die Zeit der Generaldirektoren.«

»Also verhandelst du schon«, sage ich, »mit Wesendonck & Brendel?«

»Wenn ich's nicht tue«, sagt er, »tut es Müller-Kraschutzki. Und dann sitzen wir beide, du und ich, in der Kälte.«

Später, nachdem er gegangen, dachte ich, wie lieb es von dem Genossen Seybold doch gewesen sei, mich so unter seine Fittiche zu nehmen. Aber er brauchte mich ja auch, denn über VEB Dreh- und Bohrmaschinen verfügte de facto ja nicht er, sondern ich. Und außerdem stand auch ich bereits im Gespräch mit Wesendonck & Brendel.

*

So eine Revolution, auch wenn sie nur Wende heißt, bringt ständig Neues. Keine drei Tage sind vergangen seit Seybolds Visite, da kommt die getreue Paula zu mir gehastet. »Von der Pforte«, sagt sie, »haben sie angerufen: ein großer Regierungswagen.«

»Und wer«, frage ich, »sitzt darin?«

»Das«, sagt Paula, »hat der Pförtner nicht erkennen können.«

Der Besucher tritt in mein Zimmer: Müller-Kraschutzki, in voller Größe. Die markigen Züge heute besonders gestrafft, winkt er mit huldvoll zu: »Bleib sitzen, Genosse; wir beide bestehen doch wohl nicht auf Formalitäten.«

Wenn einer so anfängt, meine Erfahrung, dann will er etwas von dir, was dich teuer zu stehen kommen wird, oder, ist er einer der Mächtigen, so hat er möglicherweise auch Angst. Doch der Genosse Müller-Kraschutzki befindet sich in keiner Situation, in welcher er Angst haben müßte vor irgend jemandem; rechts und links von ihm rollten die Köpfe, aber seiner saß fest auf den Schultern, denn die Fakten, die geheimen, die darin gespeichert waren, schützten ihn und würden, falls keiner ihm in den Rücken fiel, ihn auch weiterhin schützen.

»Kaffee?« offeriert die getreue Paula.

Ein Blick auf Müller-Kraschutzki, ein kurzer; dann winke ich ab. Und dann sind wir ohne Zeugen, Müller-Kraschutzki und ich, es sei denn die Wanze, von der ich weiß, daß sie irgendwo eingebaut ist, funktioniert noch; aber das ist kaum mehr wahrscheinlich, und wer soll denn auch ihre Texte noch auswerten?

Müller-Kraschutzki mustert mich, lange und mit einem

Anflug von menschlicher Wärme. »Du hast es gut«, seufzt er. »Ich wünschte, ich säße an deiner Stelle.«

»Ich«, sage ich, »hätte es gut? Ich habe nichts als Schwierigkeiten. Der Absatz stockt total, das Material kommt nicht, und keiner weiß, was mit dem Laden wird; unsere Werktätigen fürchten sich, werden sie morgen noch Arbeit und Lohn haben, und alle schauen sie auf mich; und was, bitte, soll ich ihnen sagen?«

»Du«, sagt Müller-Kraschutzki, »hast es gut, weil du etwas von Wert in der Hand hast, einen ganzen Betrieb nämlich, selbst wenn er heruntergewirtschaftet ist; es läßt sich, mit Know-how und Investitionen, noch immer einiges daraus machen. Aber was habe ich an verkäuflichen Werten? Einen Bürosessel, Typ Staatssekretär, und einen Schreibtisch mit doppeltem Korb für Ein- und Ausgänge und drei Telephonen darauf. Du verhandelst mit Wesendonck & Brendel?«

Also wußte er. Ich hätte die Sache zwar ableugnen können, aber das hätte unser Gespräch unnötig verlängert. »Es sind«, so sage ich dann, »nur Vorverhandlungen, genauer, Vorvorverhandlungen.«

Das Wort schien ihn zu belustigen. »Ich könnte«, sagt er, »das stoppen, deine Vorvorverhandlungen. Dafür langt meine Macht noch. Aber ich will das nicht. Ich will, daß du weiterverhandelst. Und da ich Verschiedenes einbringen kann an Kenntnissen und Verbindungen, besonders den Osten betreffend, wird eine deiner Bedingungen sein: Herr Staatssekretär Dr. jur., Dr. rer. oec. Bruno Müller-Kraschutzki wird Vizepräsident des um deinen und wohl auch noch andere hiesige Betriebe vergrößerten Hauses Wesendonck & Brendel.«

Ich kann nicht sagen, daß ich mich wohlfühlte bei seinem Vorschlag, so naheliegend er war. Müller-Kraschutzki bemerkte das auch; ein Mann in seiner Funktion muß, will er die täglichen Auseinandersetzungen bestehen, ein Gefühl auch für das Seelische seiner Kontrahenten entwickeln. »Nun?« fragt er.

»Zu meinem Leidwesen«, sage ich, »habe ich das Gleiche bereits dem Genossen Seybold versprechen müssen, der, wie er mir mitteilte, an verkäuflichen Werten noch weniger besitzt als du: statt dreien, nur zwei Telephone.«

»So«, sagt er, »hat er nur zwei?« Und dann, »Mach dir da keine Gedanken. Wer ist schon Seybold. Sie werden sich freuen bei Wesendonck & Brendel und es dir hoch anrechnen, wenn du mich ihnen zuführst. Kapiert?«

»Kapiert«, sage ich.

*

Dann stürzte der Genosse Müller-Kraschutzki doch.

Niemand hatte erwartet, daß solches ihm zustoßen könnte; alle Welt war überzeugt, daß er rundum und flächendeckend abgesichert war, besser noch als der Genosse Seybold; vielleicht würde Müller-Kraschutzki, so hatte es geheißen, nicht in seiner Position als Staatssekretär überdauern, die möglicherweise doch etwas zu exponiert war in diesen Zeiten – aber ein derart totaler Sturz! Manche behaupten sogar, das habe Müller-Kraschutzki wahrlich nicht verdient, und Seybold hätte sich zurückhaltender äußern sollen vor dem Untersuchungsausschuß; aber wer will da den ersten Stein werfen; weiß denn einer, wie er sich verhalten hätte an Seybolds Statt.

Sicher ist nur dies: von mir wußte Seybold nichts von Müller-Kraschutzkis Plänen und von der Rolle, die mir darin zugeteilt war; ich gedachte, wenn es denn nach all den Vorvor- und Vorverhandlungen dazu käme, den Herren von Wesendonck & Brendel beide Genossen zu empfehlen, Seybold wie Müller-Kraschutzki; vielleicht akzeptierte die Firma dann sogar alle beide, und ich wäre damit aus dem Schneider.

So aber geschah es, daß der Genosse Seybold plötzlich vor den großen Untersuchungsausschuß zitiert wurde, als

Mutter Beimlein
Hausbesitzer

Zeuge in Sachen Müller-Kraschutzki. Dabei blieb unklar, wer das Verfahren gegen Müller-Kraschutzki eigentlich angezettelt hatte und wie es überhaupt dazu gekommen war; klar war nur, daß die Angelegenheit ganz überraschend und wie aus heiterem Himmel vom Ausschuß aufgegriffen worden war, und daß eine Frau Schmidthenner, die zu einer der radikalen Gruppen im Umfeld der Kirche gehörte, sich als einer der Hauptverfolger des mächtigen Staatssekretärs hervortat. Spitznasig und dünnlippig, wie mir mein Gewährsmann berichtete – mir selber war es nicht möglich, in den Sitzungssaal zu gelangen – feuerte sie Frage um Frage gegen Müller-Kraschutzki, Fragen, die sämtlich eine intime Kenntnis der Vorgänge in dessen Apparat verrieten; Müller-Kraschutzki habe zunächst recht ruhig und gefaßt gewirkt, abgeklärt, könnte man fast sagen; erst als der Genosse Seybold aufgerufen und von der Dame Schmidthenner in die Zange genommen wurde, habe er Nervosität gezeigt.

Dabei, so mein Gewährsmann, sei Seybold durchaus kein aussagewilliger Zeuge gewesen; die Schmidthenner, rot im Gesicht und mit allen Anzeichen moralischer Entrüstung, mußte ihm jede Antwort auf ihre immer verfänglicher werdenden Fragen einzeln abringen; aber am Ende habe Müller-Kraschutzki ziemlich entblößt dagestanden: Seybolds Zeugnis zufolge schuldig des Machtmißbrauchs wie so ziemlich aller anderen Vergehen, die sich einem Wirtschaftsfunktionär des alten Regimes vorwerfen ließen. Die Medien, eifrig bedacht, ihre Reformfreudigkeit zu zeigen, verlangten schon am Abend des denkwürdigen Tages die Verhaftung des Genossen Müller-Kraschutzki; als, am Morgen darauf, mehrere Reporter vor seinem Haus auftauchten, fanden sie nur die Haushälterin vor; der Herr Staatssekretär, sagte sie, sei in der Nacht noch verreist; wohin, habe er ihr nicht mitgeteilt.

*

Noch so ein Wort von meinem Vater: Nicht die Menschen, hat er mir gesagt, machen die Zeiten; die Zeiten machen die Menschen. Wie also, bitte, soll ich urteilen über den Genossen Seybold? Er kommt und sagt, »Gehen wir essen; ich weiß da ein kleines Lokal, altmodisch noch, aber jetzt werden sie's bald aufputzen für die Westkundschaft, und dann wird man nicht mehr hingehen können. Wir haben uns eine stille Stunde verdient, du und ich.«

Sagt er. Und wie wir beim Nachtisch sitzen, sagt er, »Sie war groß in Form, das mußt du doch zugeben, die Schmidthenner.«

»Hast du sie gekannt?« frage ich.

»Muß man sie alle kennen?« sagt er. »Ein ehrliches Mädchen, arm und ehrlich, eine solche kannst du nicht korrumpieren, nicht für Geld und nicht für gute Worte. Aber sie möchte sich, so erzählt man in ihrer Gruppe, gern profilieren.«

»Profiliert«, sage ich, »hat sie sich. Und den Genossen Müller-Kraschutzki auch.«

»Dann laß uns«, sagt Seybold, »systematisch vorgehen: sozusagen Schritt um Schritt. Du wirst, höre ich, eine Belegschaftsversammlung machen in deinem Laden, mit allen, die dort arbeiten, für die Herren von Wesendonck & Brendel, wegen guter Public Relations, wie es heutzutage heißt, zwischen dem künftigen Management und unseren Werktätigen.«

»Eine Versammlung der Art«, sage ich, »wird stattfinden. Und Wesendonck & Brendel werden, hat man mich informiert, die Ausgestaltung übernehmen.«

»Es wird ein Ereignis sein«, sagt Seybold, »von geschichtlicher Dimension, für VEB Dreh- und Bohrmaschinen wie für Wesendonck und Brendel. Und du wirst doch«, setzt er hinzu, »dich freuen, mich dort zu sehen?«

Ich dachte an Müller-Kraschutzki, dem ein ähnliches Ereignis durchaus vorgeschwebt haben mochte, nur mit ihm als Partner und künftigem Vizepräsidenten von Wesendonck & Brendel und als Sitznachbarn am festlich gedeckten Vorstandstisch bei der Veranstaltung in der großen Halle von VEB Dreh- und Bohrmaschinen, und ich fragte mich, wo er sich jetzt wohl aufhielte und was er wohl täte.

*

Ja, der Westen.

Ich habe mir immer geschmeichelt, ich wüßte, wie man mit unseren Werktätigen umgeht; war ich doch selber Arbeiter gewesen, vor langer Zeit allerdings. Aber verglichen mit den bei Wesendonck & Brendel für Moral und Motivierung der Betriebsangehörigen verantwortlichen Herren bin ich ein Waisenknabe.

Nun haben diese Herren allerdings die besseren Bedingungen. Wollte ich, obwohl Ökonomischer Direktor, zu irgendwelchen Feierlichkeiten oder Festtagen meinen Leuten auch nur ein Bier mit Bockwurst zukommen lassen, so mußte ich das praktisch durch Unterschlagung aus dem Prämien- oder anderen festgelegten Fonds finanzieren; die Kontrollorgane, deren leitende Genossen sich selber aus der öffentlichen Kasse nicht zu knapp bedienten, rechneten, wenn es um die Arbeiter ging, jeden Groschen zweimal nach.

Bei Wesendonck & Brendel dagegen schöpften sie aus dem Vollen. Die Herren ließen zu unsrer Belegschaftsversammlung die feinsten Delikatessen liefern, aufs appetitlichste angerichtet, und mit den seltensten Südfrüchten, mit englischen Whiskys und französischen Brandys und sowjetischen Wodkas, dazu Bieren und Weinen und für die Magenkranken Alkoholfreies; wichtiger aber waren noch die eleganten Broschüren, bunt illustriert, auf teurem Glanzpapier, die in persönlich gehaltenem Ton sich an die Ostproleten richteten: da erfuhren die lieben Kollegen und Kolleginnen von VEB Dreh- und Bohrmaschinen nun von dem Uropa Wesendonck, der die Firma begründet hatte in der Gründerzeit, stets mit dem Wohl seiner Arbeiter im Auge, und von den Brendels aus Basel und Glasgow, die zum genau richtigen Zeitpunkt das Kapital einbrachten, welches der Uropa brauchte zum Ausbau des Stammhauses und zur Herstellung der neuen Großmaschinen, für die Wesendonck & Brendel berühmt werden sollten, und wie, unter den Söhnen und Enkeln der Wesendoncks wie der Brendels, die Firma immer weiter aufblühte und sogar nach der Not am Ende des Krieges sich bald wieder herausmauserte, und wie hoch die Aktien von Wesendonck & Brendel heute gehandelt wurden an den führenden Börsen der Welt, und wie angenehm sich's in den verschiedenen Werken der Firma arbeitete, und welch besondere Sozialleistungen den Mitarbeitern zugute kamen, und was für Pläne das Management für die Zeit nach der deutschen Wirtschafts- und Währungsunion hege, wenn auch das ehemalige VEB Dreh- und Bohrmaschinen mit seinen vielen tüchtigen und fleißigen Werktätigen zu der großen Familie gestoßen sein werde.

Das war's, was auch Wesendonck junior, von dem es hieß, er sei seinem Uropa wie aus dem Gesicht geschnitten, vor der Belegschaftsversammlung in etwa erklärte, und unsere Werktätigen lauschten ihm mit größtem Interesse und zollten ihm Beifall, »kein Wunder«, flüstert Seybold mir zu, »hast du jemals, oder ein anderer führender Genosse, so einfühlsam und zu Herzen gehend mit ihnen gesprochen?«

Dann kamen die Fragen, vereinzelt zuerst nur und verschüchtert von den Versammelten, und die Angst vor der Zukunft der unbekannten, stand im Raum: wer würde bleiben dürfen in seinem Job und wer gehen müssen, und wie würde die Arbeit sich gestalten und wie die Bezahlung, und was war mit der Versicherung und was mit dem Urlaub und der Zusatzrente, würde die Firma sich auch daran beteiligen, und dies noch und jenes und was dergleichen mehr, und die Herren von Wesendonck & Brendel zeigten die größte Geduld, auch wenn es ihnen schwerfiel, denn sie beherrschten die Sprache nicht, die unsre Werktätigen zu hören gewohnt waren von ihren Funktionären, und einmal, als der Junior gar selber ins Stottern geriet, meldete sich, zu meiner Überraschung, der Genosse Seybold zu Wort und rettete mit ein paar geschickten Sätzen, die den Leuten sofort eingingen, die Situation, und Wesendonck junior lächelte und entschuldigte sich, der Herr in der Leitung der Firma, der in solchen Fragen besser versiert sei als er, hätte längst anwesend sein sollen, doch habe die Maschine aus Moskau, auf der er anreiste, sich offenbar verspätet.

Hinterher saß man noch im kleinen Konferenzraum beisammen, bequem in den kürzlich erst angeschafften Klubsesseln, die Gäste aus dem Westen und ein paar von meinen leitenden Ingenieuren und ich, und auch der Genosse Seybold. Die Sache war ein Erfolg gewesen, und man war entspannt; nur Seybold, bemerke ich, zeigt Unruhe; er erwartet, scheint's, das Wort, das entscheidende, von Wesendonck junior, doch der redet nur Allgemeines, sicher würden sich, sagt er, auch Positionen auftun für Herren mit Erfahrung im Ostgeschäft; aber das ist auch alles, und kein Ton über die spezifische Zukunft des Genossen Seybold; vielleicht, so schießt es mir durch den Kopf, wartet der Junior auf den Ostfachmann in der Leitung der Firma, dessen Maschine sich verspätet hat.

Und da, wieder, meine getreue Paula. Sie kommt hereingehuscht, direkt hin zu mir; doch ich traue meinem Ohr nicht; das kann doch nicht wahr sein, was sie mir da zuflüstert; sie ist hysterisch geworden, sieht Gespenster.

Dann sehe ich es auch, das Gespenst, und sehe, wie Wesendonck junior sich aus seinem Sessel erhebt. »Ah, Herr Doktor!« ruft er. »Schön, daß Sie's noch geschafft haben!« Und zu mir und dem Genossen Seybold, »Die Herren kennen einander ja wohl. Dr. Müller-Kraschutzki ist seit kurzem für Wesendonck & Brendel tätig, als Vizepräsident zuständig für unsre neuen Absatzgebiete.«

Seybold ist blaß geworden. Ich packe ihn am Ellbogen, um ihn zu stützen. Doch er faßt sich, zumindest so weit, um sagen zu können, »Herr Staatssekretär Müller-Kraschutzki und ich sind alte Freunde, und ich hoffe, wir werden es bleiben.«

Ausstellungseröffnung

Schmitt-Murnau ist ein Genie.

Sie kennen Schmitt-Murnau nicht?

Das ist kein Wunder, denn Schmitt-Murnau behält die Tatsache für sich. Um ein Genie zu sein und zugleich als Genie zu gelten, muß man die richtigen Verbindungen besitzen oder wenigstens wissen, wie man diese herstellt; man muß einen Instinkt dafür haben, in wessen Händen Macht liegt und wessen Bekanntschaft zu pflegen sich lohnt, und welcher Partei man anzugehören und auf welche Weise man dort mit wem zu sprechen hat.

Von dergleichen Taktiken hielt Schmitt-Murnau nichts; schlimmer noch, wo er sie praktiziert sah, wandte er sich gelangweilt ab: mochten andere sich abstrampeln; er zog es vor, sich seinen Zeichnungen zu widmen und seinen Graphiken, in denen er mit ein paar anscheinend krakeligen Strichen das Innere der Menschen, die er scharfen Auges beobachtete, so entblößte, daß dem Betrachter eine ganze Welt, Schmitt-Murnaus Welt, sich auftat, die am Ende wahrer erschien als die reale.

Aber das war nur eines von seinen Talenten. Wenn er sich elend fühlte, und die Umstände, unter denen zu leben wir in diesem Lande gezwungen waren, und die Frauen, von denen keine ihn wirklich verstand, gaben ihm genug Anlaß zu Depressionen, oder wenn ihn der Zorn packte über die Dummheit und Eitelkeit so vieler seiner Zeitgenossen, vertauschte er die Zeichen- mit der Schreibfeder – er gebrauchte tatsächlich eine altmodische Stahlfeder, in schwarze Tusche getaucht, und seine Manuskriptseiten sahen aus wie frühes 19. Jahrhundert – und schrieb Kurzdialoge höchst skurriler Art, die man als Übersetzung seiner Zeichnungen ins Literarische hätte auffassen können, wenn sie, auf vertrackte Weise, nicht noch vernichtender gewirkt hätten als jene.

Geld machen ließ sich mit solchen Künsten nicht viel. Die geringen Summen, die er benötigte, beschaffte er sich größtenteils durch die Nutzung seines untrüglichen Sinns für Form. Mit einem Schriftkatalog neben sich und einem leeren Bogen Papier vor sich entstanden unter seinen fähigen Händen Druckentwürfe von erregenden Proportionen. Die Ausstatter in den Verlagen und die Funktionäre der Künstlerverbände wußten sehr wohl um diese seine Fertigkeit und bedienten sich ihrer, wo sich das tun ließ, ohne das Gehege anderer, mit dem Segen der Parteimitgliedschaft versehener Zunftgenossen zu verletzen.

So auch diesmal wieder, bei der Vorbereitung der großen Jahresausstellung des Kunstvereins, des wohl repräsentativsten republikweiten Ereignisses auf dem Gebiet der bildenden Künste. Da saßen sie nun beieinander, wie Michael Treufreund, der Sekretär des Vereins, es mir später beschrieb: der große Püschel, als Präsident amtierend, neben Wilhelm Wuttke, seinem Vize, und ihm, Treufreund, um Art und Ausstattung des Katalogs zu debattieren, welcher, bei den Druckverhältnissen im Lande, fast ein Jahr vor dem Datum der Veranstaltung schon in Vorbereitung gehen mußte. Lassen wir, so fragte Treufreund, den Schmitt-Murnau unsern Katalog machen oder nicht?

Dieses hänge, meinte Wuttke, von der politischen Atmosphäre und anderen Umständen in der Woche der Eröffnung der Ausstellung ab, welche sich leider nicht voraussehen ließen; gehe man von der Möglichkeit aus, daß Partei und Regierung endlich durchgriffen gegen die ständig zunehmende Demoralisierung im Lande, sei es besser, man beauftragte einen politisch weniger fraglichen, wenn denn auch weniger begabten Graphiker; liefen jedoch die Aufweichungserscheinungen ungehindert weiter, so werde das ebenfalls Konsequenzen haben, personelle und andere, besonders auf künstlerischem Gebiet, und dann könne man sich einen von Schmitt-Murnau gestalteten Ausstellungskatalog durchaus leisten, ja, man liege dann sogar genau auf der richtigen Linie.

Treufreund, warum sollte ein Sekretär sich unnötigerweise festlegen, enthielt sich einer eigenen Meinung; so fiel die Last der Entscheidung auf die leicht gerundeten Schultern des großen Rainer Püschel, der nach längerem Schweigen doch dazu riet, den Auftrag dem Kollegen Schmitt-Murnau zu erteilen; notfalls könne man dessen Namen ja aus dem Impressum noch auslassen, bevor das Heft in Druck gehe: ein Versehen des Druckers; nicht nur Künstler, auch Handwerker konnten irren.

*

Nun, Sie wissen, was kurz nach dieser an sich unbedeutenden Besprechung Weltgeschichtliches geschah, unter aktiver Beteiligung so zahlreicher unsrer Künstler, Rainer Püschel einer der prominentesten unter ihnen. Püschels Züge, die als markant hätten gelten können, wäre die untere Hälfte seines Gesichts nicht etwas zu schwammig geraten, erschienen alle zwei oder drei Tage in den Print- wie den elektronischen Medien, und seine politischen Äußerungen, in denen er sich von den Größen des gestürzten Regimes zwar mit Zurückhaltung, aber doch eindeutig distanzierte – schon immer, erklärte er, hätte ein geschultes Auge von seinen Gemälden ablesen können, daß für ihn nur Menschlichkeit und Demokratie zählten – seine politischen Äußerungen also wurden weithin zitiert, Ost wie West.

Beim nächsten Treffen der leitenden Herren im Präsidium des Kunstvereins, als Genossen bezeichneten sie sich schon seit den Ereignissen des historischen Leipziger Oktober nicht mehr, kamen, wie denn anders, die Wandlungen zur Sprache, welche die besagten Ereignisse in den Strukturen und Aktivitäten des Vereins hervorgerufen hatten und noch hervorrufen würden, wenn möglich unterstützt durch eigene Initiativen. Von einem neuen Kongreß der bildenen Künstler war da die Rede, den man jedoch noch gründlicher als bisher vorbereiten müsse, und von eventueller Zusammenarbeit mit oder gar Anschluß an Organisationen mit gleicher oder ähnlicher Aufgabenstellung im Westen; vor allem aber von der großen Kunstausstellung, die man, schon aus Prestigegründen, nicht hatte absagen können und die daher, da ihr Eröffnungsdatum nahte, sofortige Beschlüsse des Präsidiums erforderlich machte.

Notwendigkeiten der Art antizipierend, so erzählte mir Treufreund, hatte er Schmitt-Murnau zu der Besprechung hinzugeladen, nicht als gleichberechtigten Teilnehmer etwa, vielmehr als Konsultanten ausschließlich bei den Tagesordnungspunkten *Ausstellung* und *Ausstellungskatalog;* also saß Schmitt-Murnau, geduldig wartend, in Treufreunds Vorzimmer im Büro des Vereins, neben sich eine Flasche von Treufreunds bestem Bärensiegel, und blätterte ohne sonderlichen Eifer in den Druckfahnen des Katalogs, die Treufreund durch Versprechungen, von denen er wußte, daß sie sich nicht einhalten ließen, dem Drucker speziell für diese Präsidiumstagung entlockt hatte. Schon wollte Schmitt-Murnau, sein sowieso nur spärliches Interesse ermüdet, die Fahnen weglegen, als er plötzlich aufmerkte; die letzten Seiten mit dem Register der ausstellenden Künstler taten es ihm an. Da standen sie ja sämtlich aufgelistet, einer nach dem andern, in alphabetischer Folge, mit Geburtsdatum, Geburtsort, akademischen Titeln etcetera, die Püschel und Wuttke und Haussmann und Rehmüller und Katzenstein und Willuweit und wie sie alle hießen, und, auf die Daten zur Person folgend, jeweils die Orden und

Jedes Volk, ob es greint oder grient,
hat die Regierung, die es
verdient.

Ehrenzeichen, systematisch nach Rang und Gewicht, die man ihnen verliehen: ihre Karl-Marx-Orden und Vaterländischen Verdienstorden in Gold, Silber und Bronze, ihre Nationalpreise in dito, ihre »Banner der Arbeit« und Kunstpreise und Preise für künstlerisches Volksschaffen und Johannes-R.-Becher-Preise, samt ihren Ehrentiteln, »Verdienter Künstler des Volkes« als mindestes und »Verdienter Aktivist« und Dr. h. c. und Dr. Dr. h. c., und ihren Ehrenmedaillen für ausgezeichnete bzw. hervorragende Leistungen; und all dies gehäuft, so als hätten Hühner es hinter den einzelnen Namen zusammengescharrt, oft zu mehreren Zeilen hintereinander, je nach der Wertschätzung, die der Preis- und Ordensträger in der zuständigen Abteilung des Zentralkomitees oder bei dem Sekretär für Kultur im Politbüro oder, auch das gab es, beim Generalsekretär selber genoß.

Schmitt-Murnau war daher, als er von Treufreund in den Sitzungsraum gebeten wurde, in heiterster Stimmung und voll lächelnder Verbindlichkeit gegenüber den Präsidialen des Vereins, einschließlich Püschel und Wuttke, und zeigte durch häufiges Kopfnicken und gegrummelte Laute der Billigung sein absolutes Verständnis für deren Probleme, die allgemeinen ebenso wie die mit dem Ausstellungskatalog, der ja, da alles sich so herrlich gewendet, nun auch nicht bleiben konnte wie vordem konzipiert. In weiser Voraussicht, ließ Püschel Schmitt-Murnau wissen, habe man bei der Auswahl der Ausstellungsstücke von vornherein eine gewisse Vorsicht walten lassen; daher müßten jetzt, neben einer Anzahl von minder wichtigen, eher unansehnlichen Objekten, die keiner vermissen werde und die teilweise nicht einmal separat angeführt gewesen waren im Manuskript des Katalogs, nur relativ wenige Exponate wegen zu offensichtlichen sozialistischen Realismusses aus der geplanten Ausstellung wie von den Seiten des Katalogs entfernt werden: ein

Haussmann mit dem Titel »Und golden fließt der Stahl«, ferner das Triptychon von Willuweit über die Schweinezucht-LPG in Groß-Kulla bei Greiz, und, da dieser inzwischen zurückgetreten, Violetta Katzensteins Porträt eines Staatsanwalts und, last not least, Rehmüllers Block in rosa Granit, welcher, obzwar von Rehmüller selber als zu dessen abstrakter Periode gehörig eingestuft, wie ein Leninkopf aussah, wenn man ihn, bei Nachmittagslicht, von schräg links unten betrachtete. Wilhelm Wuttkes Zyklus über den Bauernkrieg, den einige Präsidiumsmitglieder angesichts der neuerlichen Geschichtseinschätzung in Frage gestellt hatten, müsse allerdings bleiben; das Werk sei bereits zu bekannt, um es zurückzuziehen, ohne sich der Gefahr öffentlicher Lächerlichkeit auszusetzen; doch habe Wuttke den Titel verändert; statt »Die Enkel fechten's besser aus« heiße das Werk nun »Aus deutscher Vergangenheit«.

Schmitt-Murnau nahm Püschels Ausführungen mit aller Aufmerksamkeit, die ihm nach dem Genuß von Treufreunds Bärensiegel noch zur Verfügung stand, zur Kenntnis, und machte sich, um mögliche spätere Fehler zu vermeiden, genaue Notizen auf den Rand der Druckfahnen: mußten doch, so zog er in Betracht, nicht nur Teile des Katalogtexts, sondern auch die entsprechenden Illustrationen eliminiert werden, was einen erneuten Umbruch nötig machte. Dabei sei ihm, vertraute er mir später an, die Idee zu einer Zeichnung durch den Kopf gegangen, die er, sobald er nach Haus zurückgekehrt, in Angriff zu nehmen plante: in winterlicher Landschaft das hintere Ende eines Schlittens, darauf der große Püschel mit wehendem Schal um den Hals, wie er Haussmann, Willuweit, die Katzenstein und Rehmüller den hinter ihm herhechelnden Wölfen in elegantem Bogen zuwarf; mochte sein, daß dieses erheiternde Bild ihn davon abhielt, sich Gedanken über eventuelle weitere Änderungen im Heft zu machen; außerdem bezahlte man ihn ja für die Gestaltung des Katalogs und nicht für dessen Redaktion.

Auch der große Püschel war's zufrieden und bedeutete Treufreund mit einer Handbewegung, Schmitt-Murnau aus dem Raum zu geleiten; in der Tür wandte Schmitt-Murnau sich noch einmal um und winkte dem Präsidenten fröhlich zu, eine Geste, die dieser irgendwie unpassend fand, aber nicht mehr die Gelegenheit hatte zu monieren.

*

Der Katalog war, das mußte auch ich zugestehen, als Schmitt-Murnau mich sein Vorausexemplar sehen ließ, ein Prachtstück: die Farben stimmten, die Balance der Seiten, der Wechsel zwischen Text, Bebilderung und Leerräumen; dazu hatte Schmitt-Murnau eine Schrift benutzt, um die jeder Kundige ihn nur beneiden konnte, eine Variante von Bodoni, die er irgendwo in der Provinz in einer alten Druckerei ausgegraben hatte. Und, die Hauptsache, das Ding war fertig, just für die Ausstellungseröffnung, vollständig ausgedruckt und tadellos gebunden. »Nicht daß dieser Verein das verdient hätte«, so Schmitt-Murnau. »Sind doch sämtlich die alten Mittelmäßigkeiten, die einander hochgepustet im Lauf der Jahre; aber was soll's.«

Schmitt-Murnau hatte fest erwartet, daß sie vergessen würden, ihn zur Eröffnung einzuladen; aber am Tag davor rief er mich an: die Einladung sei doch gekommen, und ob ich ihn begleiten wolle. Da ich, als einer der minderen Feuilletonredakteure, sowieso zum Besuch der Ausstellung verpflichtet war, sagte ich zu, und wir betraten gemeinsam die geheiligten Räume.

Zuerst schien es mir, als böte sich uns das vertraute Bild und sonst nichts; noch standen die Offiziellen unter die Gruppen gemeiner Besucher gemischt, die zu derartigen Gelegenheiten zusammenzuströmen pflegen: Angehörige und Freunde der ausstellenden Künstler; Leute vom Fach und solche, die vorgaben, es zu sein, wichtig darunter die Damen und Herren vom Kultusministerium; dazu Vertreter der Presse, Ost wie West, und Personal der anderen Medien, die Kameras in Position, die Scheinwerfer zum Teil schon angeschaltet. Nach einer Weile jedoch wurde die Unruhe spürbar, die sich in den Ausstellungsräumen verbreitete, von den vorderen allmählich den hinteren zu; die Neugierigen, die gegangen waren, einen fürwitzigen Blick auf die Bilder an den Wänden und die mit Bedacht gestreuten Plastiken zu werfen, drifteten zurück in die Eingangshalle und die Hungrigen lösten sich von den weißgedeckten Tischen, auf denen die Platten mit den lecker belegten Broten und die Weinflaschen samt zugehörigen Gläsern standen, und kamen, um zu erfahren, was es denn gäbe, und zum ersten Mal hörte man: der Katalog! Wo war der Ausstellungskatalog, von dem man, da er von Schmitt-Murnau entworfen, soviel erwartete? Und es ging nicht nur um das Ästhetische dabei; man hätte doch gern auch gewußt, von wessen Hand etwa das mit Nr. 17 A bezeichnete graugerahmte Farbengewirr stammte und ob es in der Tat eine Sicht von den Ahrenshooper Dünen darstellte, wie die einen meinten, oder ein Abbildung tanzender Neger in den Bayous von Louisiana, wie Dominik Rumsfeld behauptete, der bekannte Kunstkritiker, oder ob die Plastik Nr. 763, die aussah wie eine verbeulte Kinderbadewanne mit rechtsseitig verdickten Rostflecken, in der Tat ein echter Beuys war, aus dem Nachlaß stammend und von der Witwe als Zeichen der inneren Verbundenheit des Meisters mit den Menschen der Deutschen Demokratischen Republik dem Kunstverein als Vermächtnis übergeben, oder das Werk eines seiner mehreren örtlichen Nachahmer, die nun, da die absolute künstlerische Frei-

. VEReiNiGUNGS FEST . .

heit absolut gefahrlos praktiziert werden konnte, einander an Kühnheit übertrafen.

Ja, wo waren die Kataloge geblieben? Was war geschehen? Auf dem länglichen Tisch gleich hinter dem Eingang, auf den derlei Gedrucktes gewöhnlich placiert wurde, dem Publikum zur Auswahl, befanden sich ein paar alte Poster und Häufchen von Postkarten, sonst nichts. Hatte der Drucker versäumt, die Kataloge zu liefern? Doch diese, Schmitt-Murnau hatte sie selber gesehen, hatten ja sauber gebündelt in der Auslieferung der Druckerei bereitgelegen. Hatte der Zensor sie beschlagnahmen lassen? Aber es gab ja gar keine Zensur mehr! In sämtlichen Räumen des Hauses, in dem die Ausstellung stattfand, neun an Zahl, glaube ich, existierte nur ein einziges Exemplar, leicht geknickt und verschmuddelt, des Katalogs: in Schmitt-Murnaus Rocktasche.

Schmitt-Murnau zieht es heraus. Die Schultern gestrafft, hält er es zwischen Daumen und Zeige- und Mittelfinger seiner Rechten in die Höhe, einem Wimpel ähnlich, wie er in alten Zeiten an den Lanzen der Ulanen flatterte, und marschiert auf den großen Püschel zu, der sich, bei dem Anblick, unwillkürlich hinter Wuttkes und Treufreunds soliden Rücken und dem schmaleren der Violetta Katzenstein zu verkriechen sucht.

»Ah, der Kollege Püschel!« ruft Schmitt-Murnau mit einer Stimme, wie ich noch nie von ihm kommend gehört, halb Trompete, halb Knurren eines ungarischen Hirtenhundes, Sie kennen die Sorte, dunkle Zotteln, Vorder- und Hinterende des Tiers kaum zu unterscheiden, »wo, Kollege Püschel, sind die Kataloge?«

Inzwischen haben die Leute, Skandal witternd, sich gesammelt; Püschel kann sich nicht länger in Deckung halten; er rafft sich zusammen; die beste Verteidigung, erinnert er sich, besteht im Angriff; und so ruft er, viel zu schrill, »Das fragen Sie mich, Schmitt-Murnau?«

»Das«, sagt Schmitt-Murnau, »frage ich Sie, allerdings.«

»Ich habe sie einstampfen lassen«, antwortet Püschel, »schweren Herzens, und Sie, Schmitt-Murnau, werden für den Schaden, den Sie uns angerichtet, aufkommen.«

»Welchen Schaden?« Schmitt-Murnau schlägt sein Katalogexemplar auf, das eine und einzige noch vorhandene, und schiebt es Püschel vor die Nase. »Ist nicht alles, was und wie Sie's wollten, Kollege Püschel, entfernt worden? – Haussmanns Goldstahl und Willuweits Schweinezucht und der Staatsanwalt des Fräulein Katzenstein und Rehmüllers rosa Granit und was sonst noch Sie aussortierten an nunmehr Unbrauchbarem; nur Wuttkes Tableau blieb wie gewünscht, das riesige, weil Wuttke es umbenannte, den neuen Bedingungen entsprechend. Was für Schaden also?«

Püschel merkt, er hat sich von Schmitt-Murnau hineinreiten lassen in eine Situation, in der es kein Zurück mehr gibt; aber vor ihm liegt gleichfalls ein Abgrund, und alles wartet auf seinen nächsten Schritt.

»Bitte«, sagt Schmitt-Murnau, »wo also liegt mein angeblicher Fehler?«

»Sie wissen genau, was ich meine«, krächzt Püschel. »Das ganze Register, mit den ...«

»Ah so!« Schmitt-Murnau spricht sehr ruhig. »Die Orden und Ehrenzeichen hinter den Namen, Ihrem und denen der andern Kollegen ... Aber es hätte eines Wortes nur von Ihnen bedurft, und ich hätte auch das noch gestrichen. Nur eines will mir nicht in den Kopf: was gestern eine Ehre war, von Ihnen allen dankbar akzeptiert, soll heute ein Schandmal sein?«

»Es will ihm nicht in den Kopf!« Püschels Gesicht ist eine Studie in mehreren Schattierungen von Rot. »Vierzig Jahre lang sind wir belogen worden und betrogen; und es will ihm nicht in den Kopf!«

»Ich war niemals in Ihrer Partei, Kollege Püschel«, sagt Schmitt-Murnau, »und habe nie irgendwelche Orden und Ehrenzeichen erhalten oder Kunst- und Nationalpreise. Wie also soll mein armer Kopf derart Sinneswandel begreifen?«

Treufreund klatscht in die Hände. »Hiermit erkläre ich«, verkündet er feierlich, »die große Ausstellung des Kunstvereins für eröffnet. Wenn auch der Katalog uns fehlt, Wein und festliche Häppchen sind für unsre Gäste reichlich vorhanden.«

Schmitt-Murnau, wie gesagt, ist ein Genie. Aber ich befürchte, er wird auch in der neuen Zeit kaum reüssieren.

Inhalt